Bert Hellinger

Felicità condivisa
nelle
Costellazioni Familiari

Bert Hellinger

Felicità condivisa nelle Costellazioni Familiari

tecniche nuove

EDIZIONE ORIGINALE
Glück, das bleibt

EDIZIONE ITALIANA
Traduzione di Maria Teresa Pozzi
Revisione di Attilio Piazza

Redazione: tel. 0239090273, fax 0239090255
libri@tecnichenuove.com
Vendite: tel. 0239090319 - 252, fax 0239090373
vendite-libri@tecnichenuove.com
www.tecnichenuove.com

ISBN 978-88-481-2063-0

Prima ristampa: novembre 2008

Copertina di JDT-Milano
Stampa: Lalitotipo, Settimo Milanese (MI)
Finito di stampare nel mese di novembre 2008
Printed in Italy

Indice

Cari lettori .... pag. IX

La felicità piena .... pag. 1
La sorpresa .... pag. 1
Pieno significa totale .... pag. 2
Chi mi manca? .... pag. 2
La salute piena .... pag. 2
"Ora resto" .... pag. 3
"Mamma, arrivo" .... pag. 5
Il prezzo .... pag. 5
Ci è stato d'aiuto .... pag. 6

L'amore .... pag. 7
"Ti amo" .... pag. 7
Il basso continuo .... pag. 8
Amore che unisce e amore che divide .... pag. 8
Sesso .... pag. 9
Amore al secondo sguardo .... pag. 10
Le famiglie partecipano .... pag. 11
La perfezione .... pag. 11
Come combinare con successo amore e vita .... pag. 12
Ciò che fa crescere la coppia .... pag. 13
- Imparare ad amare dai genitori .... pag. 13
- Prendere con amore .... pag. 13
- Prendere al di là del bene e del male .... pag. 14
- Meditazione: la preparazione al rapporto di coppia .. pag. 14
- L'energia creativa e il divino .... pag. 15
- Crescere nel rapporto di coppia .... pag. 16

Come far funzionare il rapporto di coppia .... pag. 16
- Il rapporto sessuale .... pag. 16
- L'amore del cuore .... pag. 17

La vita in comune .... pag. 17
Amore e ordine .... pag. 18
La vita quotidiana nel rapporto di coppia .... pag. 20
Sì .... pag. 20
Ti prego .... pag. 21
Grazie .... pag. 22
La delusione .... pag. 22
I vecchi legami restano .... pag. 22
I campi di coscienza .... pag. 23
Esempio: il labirinto dell'anima .... pag. 24
La comunanza di destini .... pag. 25
L'altro nel rapporto di coppia .... pag. 27
Uomini e donne sono diversi .... pag. 27
Anche le famiglie sono diverse .... pag. 28
Essere in armonia con i nostri limiti .... pag. 29
Amore che dura .... pag. 30
Il paradiso .... pag. 31
La dedizione .... pag. 31
Intimamente .... pag. 32

Bambini felici .... pag. 33
Cosa rende felici i bambini? .... pag. 33
Aiutare i bambini difficili .... pag. 34
L'amore consapevole .... pag. 34
La buona e la cattiva coscienza .... pag. 34
L'irretimento .... pag. 35
L'amore cieco .... pag. 36
L'ordine .... pag. 36
Tutti i bambini sono buoni - e anche i loro genitori ..... pag. 37
Il campo di coscienza .... pag. 38
L'amore nascosto del bambino .... pag. 40
L'ordine .... pag. 40
Esempio: "Resto con te" .... pag. 41
Esempio: la figlia non vuole studiare .... pag. 42
Entrambi i genitori .... pag. 44
Il movimento di avvicinamento interrotto .... pag. 45

Come condurre a destinazione il movimento
di avvicinamento interrotto .... pag. 45
Attraverso i genitori .... pag. 45
Attraverso i rappresentanti dei genitori .... pag. 46
L'inchino profondo .... pag. 47
Il movimento di avvicinamento
al di là dei genitori .... pag. 48
Aiutare i bambini con le favole .... pag. 48
Il rubinetto perde .... pag. 48
L'addio .... pag. 50

Ciò che ci rende felici .... pag. 51
Cosa rende le persone felici? .... pag. 51
Il sentimento di base .... pag. 51
La felicità nel rapporto di coppia .... pag. 52
L'attimo .... pag. 53
Esempio: il lavoro .... pag. 53
Accettare completamente i genitori .... pag. 55
Felicità attraverso la benevolenza per tutti .... pag. 56
Felicità e infelicità .... pag. 57
La felicità dell'appartenenza .... pag. 57
La felicità cieca .... pag. 58
La felicità è più della sensazione
di essere innocenti .... pag. 59
Tragedie .... pag. 60
Fluttuare con l'altro .... pag. 61
La forza primordiale .... pag. 62
La calma .... pag. 63

Le costellazioni familiari .... pag. 65
Il futuro delle costellazioni familiari .... pag. 65
Gli inizi .... pag. 65
La coscienza .... pag. 66
Il campo della coscienza .... pag. 66
I movimenti dell'anima .... pag. 67
I movimenti dello spirito .... pag. 67

Cari lettori,

In questo libro di più significa essenziale. Di più è ciò che serve alla vita e alla felicità permanente. Quale felicità è permanente? Quella che si trova a proprio agio con noi, perché la rispettiamo e la condividiamo.

Come la condividiamo? Trattando gli altri con benevolenza e augurando loro del bene. È così che la nostra felicità gioisce. Si sente a suo agio con noi, ci vuole bene e quindi continua.

Cosa significa benevolenza e come ottenerla viene rappresentato in modo molto bello dalle costellazioni familiari.

Ho riassunto in questo libro ciò che è venuto alla luce durante le rappresentazioni a proposito della felicità permanente in modo da renderlo facilmente comprensibile.

Descrivo principalmente ciò che è venuto alla luce riguardo alla vita e all'amore.

Il vostro *Bert Hellinger*

La felicità piena

La sorpresa

"È molto semplice", sostengono molti di coloro che sperimentano per la prima volta le costellazioni familiari. Un uomo sceglie all'interno di un gruppo delle persone a lui completamente estranee per rappresentare i suoi genitori, fratelli e sorelle nonché se stesso, li dispone nel campo in relazione fra loro e si siede. Tutto d'un tratto gli si aprono gli occhi: "Cosa, questa sarebbe la mia famiglia? La immaginavo in modo completamente diverso".

Cos'è accaduto? Tutti guardano nella stessa direzione. Egli stesso, attraverso il suo rappresentante, vede molto al di là della famiglia. Quando poi si chiede ai rappresentanti come si sentono, viene alla luce che manca loro qualcosa. Di conseguenza aggiungo un altro rappresentante nel punto in cui stanno guardando. I loro volti s'illuminano. Si sentono meglio.

Questa è una rappresentazione tipo. Più semplice di così non si può. Cos'è venuto realmente alla luce? L'uomo racconta di avere avuto un fratello, morto subito dopo la nascita. Il bambino non è mai più stato nominato all'interno della famiglia, come se non ne facesse più parte.

Pieno significa totale

La mia felicità è piena se tutti coloro che appartengono alla mia famiglia hanno un posto nel mio cuore. Se, come nell'esempio precedente, qualcuno è stato escluso o dimenticato, noi e la nostra famiglia iniziamo a cercarlo. Sentiamo che ci manca qualcosa, ma spesso non sappiamo dove cercare. Una tale ricerca conduce talvolta alla dipendenza, altre volte alla ricerca di Dio. Sentiamo un vuoto e vogliamo colmarlo.

Chi mi manca?

Dentro di noi sentiamo se ci manca qualcuno. Prendiamoci cinque minuti e chiudiamo gli occhi. Dentro di noi incontriamo tutti coloro che fanno parte della nostra famiglia. Li guardiamo tutti negli occhi, anche coloro che sono già morti da tempo. Diciamo loro: "Ti vedo. Ti rispetto. Ti accolgo nell'anima". Immediatamente ci rendiamo conto di sentirci più pieni.

Allo stesso tempo ci rendiamo conto se manca qualcuno. Ad esempio, qualcuno che è stato dimenticato, qualcuno che la famiglia ha vissuto come un peso, qualcuno di cui ci si voleva liberare. Guardiamo anche loro negli occhi e diciamo: "Ti vedo. Ti rispetto. Ti voglio bene. Ti riservo nel mio cuore il posto che ti spetta". Di nuovo ci rendiamo conto dell'effetto che fa su di noi e di come ci sentiamo più pieni.

La salute piena

Una delle prospettive di più ampio respiro delle costellazioni familiari riguarda la nostra salute, la salute piena.

Molte malattie rappresentano delle persone di cui noi o la nostra famiglia ci siamo voluti liberare, che abbiamo dimenticato o escluso. Possiamo verificare anche questo dentro di noi.

Prendiamoci ancora cinque minuti di tempo e chiudiamo gli occhi. Concentriamoci in noi stessi e verifichiamo dove c'è qualcosa che ci fa male, dove c'è qualcosa di malato.

Qual è generalmente la risposta a questa domanda? Vogliamo liberarci di ciò che ci fa male, che ci fa ammalare, proprio come ci siamo liberati delle persone scomode.

Ora percorriamo la strada in senso inverso. Accogliamo ciò che ci fa male, ciò che ci fa ammalare, con amore nella nostra anima e nel nostro cuore. Diciamo: "Puoi restare con me. In me puoi trovare pace". Prestiamo attenzione all'effetto che ne deriva sul nostro corpo e ciò che scatena. Spesso il dolore si attenua e ci sentiamo più leggeri.

Il passo successivo è cercare di percepire chi stanno guardando la malattia e il dolore. Quale persona esclusa o dimenticata? Quale persona a cui magari noi o la nostra famiglia abbiamo fatto un torto?

Dopo un po' ce ne rendiamo conto o lo immaginiamo. Insieme al dolore e alla malattia guardiamo questa persona. Le diciamo: "Ora ti vedo. Ora ti rispetto. Ora ti voglio bene. Ora avrai un posto nel mio cuore".

Come ci sentiamo ora? Come sta la nostra malattia? Come sta il nostro dolore? Anche in questo caso, pieno significa: totale.

"Ora resto"

In una grande scuola in Messico si rivolsero a me alcuni insegnanti e genitori preoccupati per alcuni ragazzi. Volevano aiutarli. Ad esempio un'insegnante era preoccupata per un ragazzo di 14 anni che si rifiutava di studiare. Ho disposto l'insegnante nel campo con il ragazzo al suo fianco. I genitori del ragazzo erano entrambi presenti. Così li ho posizionati di fronte a lui e all'insegnante.

Guardando il ragazzo, vidi che era triste. Gli dissi: "Sei triste". Subito iniziarono a scorrergli le lacrime - e anche alla madre. Tutti si resero conto che il ragazzo era triste perché lo era anche sua madre.

Così chiesi alla madre cosa fosse accaduto nella sua famiglia d'origine. Disse: "Avevo una sorella gemella, che morì alla nascita". La sorella, che aveva perso il proprio posto all'interno della famiglia, le era mancata molto. Pensare a lei e ricordarla era molto doloroso.

Quindi scelsi una rappresentante per la sorella morta, la disposi a una certa distanza e la pregai di voltarsi, come accadeva realmente all'interno della famiglia.

Tutti guardarono la sorella morta, soprattutto la madre. Per questo la spostai dietro alla morta, anche lei con lo sguardo rivolto verso l'esterno e le chiesi: "Come ti senti qui?" Rispose: "Qui sto bene".

Poi spostai il ragazzo al posto della madre dietro la gemella e gli chiesi come si sentiva. Mi rispose: "Qui sto bene".

Cos'era dunque venuto alla luce? La madre voleva raggiungere la gemella morta. Più precisamente voleva seguirla nella morte. Il figlio sentiva nella sua anima che la madre era attratta dalla sorella e dunque le diceva dentro di sé: "Muoio io al tuo posto".

Nessuna meraviglia dunque che non volesse più studiare. A che scopo imparare se si vuole morire?

Questo esempio ci mostra cos'accade quando qualcuno è escluso, quando perde il proprio posto all'interno della famiglia.

Qual è la soluzione in questo caso? È molto semplice. Accogliere nuovamente la gemella nella famiglia e assegnarle il posto che le spetta.

Come intervenire in questa particolare rappresentazione? Spostai la gemella all'interno della famiglia di fianco alla madre. Entrambe si abbracciarono intimamente fra le lacrime. Ora non era più necessario che la madre seguisse la sorella nella morte. Era accanto a lei nella famiglia.

Tutto d'un tratto tutti i membri della famiglia si sentirono meglio, soprattutto il marito. Non è difficile immaginare cosa provasse rendendosi conto dentro di sé che la moglie desiderava morire.

Chiesi quindi alla donna di guardare il marito negli occhi e di dirgli: "Ora resto". Lo disse ed entrambi si abbracciarono felici.

Poi la madre si volse verso il figlio. Lo guardò negli occhi e disse: "Ora resto e sono felice se resti anche tu". Il volto del ragazzo divenne raggiante e la tristezza scomparve.

"Mamma, arrivo"

Una donna soffriva molto per il fatto che la figlia aveva interrotto qualsiasi contatto con lei da sette anni. Dopo avere letto il mio libro *Ordini dell'amore* si rese conto che la figlia era legata interiormente a persone a cui era stato negato il posto che spettava loro all'interno della famiglia. Aveva in mente due persone: la prima moglie di suo marito e il suocero.

La sera accese una candela per onorare la prima moglie del marito. Immaginò di trovarsi di fronte alla donna e di guardarla negli occhi. S'inchinò di fronte a lei e le disse: "Ti onoro".

La sera successiva fece lo stesso per il suocero. Accese una candela e immaginò di essere di fronte a lui, di guardarlo negli occhi e di dirgli: "Ti onoro".

Il giorno dopo la figlia telefonò: "Mamma, arrivo".

Il prezzo

A chi viene spesso rifiutato il posto che gli spetta all'interno della famiglia? Generalmente si tratta dei precedenti partner dei genitori o dei nonni. Hanno lasciato spazio al nuovo partner e ai figli nati da queste nuove unioni. Spesso hanno pagato un prezzo personale molto elevato per la felicità degli altri.

L'esempio dei partner precedenti ci consente di renderci conto in modo inequivocabile delle conseguenze, che derivano dal rifiutare a qualcuno il rispetto e l'amore che gli spettano.

Le costellazioni familiari dimostrano che i partner precedenti vengono spesso rappresentati da un bambino nato da un'unione successiva. Quest'ultimo si fa carico dei sentimenti della persona esclusa e li manifesta nei confronti dei genitori. Rappresenta il partner precedente e talvolta prende su di sé anche il suo destino.

Ci è stato d'aiuto

Un amico mi raccontò che a volte il comportamento del figlio minore faceva andare su tutte le furie lui e la moglie. Affermava: "Sa perfettamente ciò che ci fa arrabbiare e non smette finché non ci riesce. A quel punto facciamo fatica e dominarci".

Gli risposi: "Sei già stato sposato. Non sai che i bambini nati dal secondo matrimonio cercano ti tenere vivo il ricordo del partner precedente con il loro comportamento?"

Mi chiese: "Cosa dobbiamo fare? Con mia moglie è lo stesso. Anche lei è già stata sposata".

Gli risposi: "La prossima volta che senti montare la rabbia, guarda oltre tuo figlio verso la tua prima moglie - con rispetto e amore. E lo stesso deve fare tua moglie con l'ex marito".

Quattro settimane dopo ci siamo incontrati di nuovo. Mi disse: "Ci è stato subito d'aiuto".

L'amore

"Ti amo"

Chi può pronunciare una frase del genere: "Ti amo"? Cos'accade nell'anima quando pronunciamo queste parole? Cos'accade nell'anima della persona a cui queste parole sono dirette?
Se le pronuncia seriamente, la sua anima trema. Qualcosa si raccoglie in lei, la investe come un'onda e la trascina con sé. Forse tenta di ribellarsi per paura di non sapere su quale spiaggia verrà trascinata.

Anche i destinatari di questa frase forse tremeranno. Si rendono conto del cambiamento che provoca in loro, di quanto queste parole li mettano al proprio servizio e li condizionino per sempre.

Ci chiediamo con timore se riusciamo a sopportare questa frase e ad accettare la vasta portata delle sue conseguenze. Ci domandiamo anche se siamo in grado di aprirci, se siamo in grado di pronunciarla o se qualcuno ce l'ha mai detta.

Non c'è frase più bella, nessuna che ci colpisca così nel profondo, che ci unisca così intimamente a un'altra persona.

Si tratta di una frase umile. Ci rende allo stesso tempo grandi e piccoli. E profondamente umani.

Il basso continuo

Un rapporto di coppia viene eseguito come un concerto barocco. Risuona una molteplicità di belle melodie e in sottofondo si ode un basso continuo, che guida e unisce le melodie conferendo loro peso e pienezza. In un rapporto di coppia il basso continuo è: "Ti prendo, ti prendo, ti prendo. Ti prendo come moglie. Ti prendo come marito. Ti prendo e dono me stesso - con amore".

Amore che unisce e amore che divide

Quando un uomo e una donna s'incontrano, l'uomo si accorge che gli manca qualcosa e lo stesso accade alla donna. In fondo cosa sono un uomo senza una donna e una donna senza un uomo? L'uomo è rivolto verso una donna e una donna verso un uomo. Unendosi, ognuno ottiene ciò che gli manca. L'uomo la donna e la donna l'uomo. L'uomo che ammette che gli manca una donna e una donna che ammette che le manca un uomo compiono un atto di umiltà. Non è facile. In questo modo ognuno riconosce i propri limiti.

Alcuni vogliono sfuggire a quest'ammissione, l'uomo ad esempio sviluppando la propria parte femminile e la donna la propria parte maschile. In questo modo l'uomo non ha più bisogno della donna e quest'ultima dell'uomo. Possono vivere l'uno senza l'altro.

Un rapporto di coppia funziona se entrambi, l'uomo e la donna, ammettono che sentono la mancanza dell'altro, che hanno bisogno dell'altro per essere completi. Se si donano l'un l'altro ciò che all'altro manca, diventano completi.

L'amore fra uomo e donna si completa nell'atto sessuale. È ad esso che il rapporto di coppia è volto. È l'atto più profondo, superiore perfino a qualsiasi atto spirituale. Grazie a esso siamo in armonia con l'essenziale del mondo. Cosa ci prende più al proprio servizio e ci fa crescere più dell'atto sessuale e delle sue conseguenze?

C'è qualcos'altro legato a questo atto. L'atto sessuale crea un legame. Dopo averlo compiuto la coppia non può più essere sciolta. Per questo non può essere considerato come una cosa qualunque. Le sue conseguenze sono molto profonde.

Cosa significa il legame e quanto in profondità agisca possiamo comprenderlo osservando il dolore e il senso di colpa e di tradimento che assale una coppia in caso di separazione. Non possono separarsi se non percepiscono e accettano tale legame.

Le ripercussioni sui rapporti successivi sono evidenziate dal fatto che un bambino nato da un rapporto successivo rappresenta il partner precedente. Prova gli stessi sentimenti dell'ex partner e li manifesta nei confronti dei genitori. Non si può dunque giocare con i rapporti precedenti. Continuano ad agire.

Possiamo inoltre osservare che in caso di più separazioni il dolore e il senso di colpa si riducono sempre di più rispetto alla prima separazione. Alla terza separazione il dolore e il senso di colpa sono ancora meno evidenti, fino a risultare completamente assenti. Inoltre nei rapporti di coppia successivi i partner non osano generalmente accogliere completamente il nuovo partner come il primo.

In questo caso la soluzione è continuare a rispettare e amare i partner precedenti. Non sempre ci si riesce e in questo caso resta per entrambi qualcosa di doloroso.

Sesso

Per l'anima il sesso è una brutta parola in quanto gli manca l'anima, la profondità, la profonda passione, l'accettare l'altro e il riconoscersi e ritrovarsi in lui.

Quanta forza ha invece il termine un po' arcaico e tabuizzato di voluttà. In esso si percepisce il movimento, l'ardore, la passione, la confusione, l'irruenza, la spinta in avanti, l'apice e il rilassamento interiore. Rispetto a tanto ardore il sesso è cool e assomiglia più a un fastfood che a un pranzo abbondante.

La voluttà è vita, sconvolgente per la sua forza spaventosa da ogni punto di vista. Ne deriva qualcosa che va molto oltre l'aspetto personale. Tuttavia essendo guidata da qualcosa di più grande è fuori controllo e traboccante. In essa l'anima gioisce.

È dunque opportuno reintrodurre questa parola? No. È troppo fragile, come qualcosa di sacro. Sarebbe opportuno però eliminare anche il termine sesso in quanto tutto ciò che vi è associato è estraneo all'anima.

Amore al secondo sguardo

Quando un uomo incontra una donna da cui si sente particolarmente attratto e quando una donna incontra un uomo da cui si sente particolarmente attratta, entrambi sono percorsi da un senso di felicità sconosciuto e da un bisogno che s'impossessa completamente di loro. Percepiscono questo senso di felicità e questo bisogno come amore. Quando poi l'uomo dice alla donna: "Ti amo", e anche la donna dice all'uomo: "Ti amo", si uniscono e diventano una coppia.

Ma questo amore che provano l'uno per l'altro è sufficientemente forte da unirli per sempre? Anche se dopo un certo periodo si rendono conto che le strade che hanno percorso fino a quel momento si sono incrociate profondamente solo per un determinato periodo di tempo? L'unione può anche durare a lungo, soprattutto se non diventano solo una coppia, ma anche genitori. Le loro strade riescono a tenerli uniti anche se imboccano direzioni diverse? Cosa sanno l'uomo e la donna l'uno dell'altro nel momento dell'innamoramento? Cosa sanno dei lati bui delle loro origini, del loro particolare destino e di ciò che li attende? Se viene alla luce ciò che fino a quel momento è rimasto nascosto, cosa può aiutare il loro amore a resistere alla realtà e a durare nel tempo?

Ci rendiamo conto che alla frase "Ti amo" manca qualcosa, qualcosa che prepari la coppia per ciò che di più grande li attende e che le permetta di trovare la pienezza e la profondità necessarie a crescere al di là dell'amore a prima vista. Una frase che racchiude ciò che c'è di più grande e prepara entrambi è: "Ti amo e amo ciò che guida te e me".

Cos'accade se l'uomo dice alla donna e la donna dice all'uomo "Ti amo e amo ciò che guida te e me"? Tutto d'un tratto non guardano solo se stessi e le loro esigenze. Guardano qualcosa di più grande che va oltre loro stessi. Anche se sono ancora lontani dal comprendere ciò che questa frase implica e quale destino li aspetta individualmente e come coppia, essa prepara e rende possibile l'amore al secondo sguardo dopo quello a prima vista.

Le famiglie partecipano

L'amore non è personale. L'uomo non dice alla donna: "Ti amo" come un individuo. È troppo piccolo per questo. Lo stesso vale naturalmente anche per la donna. Dietro di loro ci sono i genitori, gli antenati e i loro destini. Tutti agiscono attraverso questa frase con grande forza. Se l'uomo dice alla donna: "Ti amo", entra in gioco qualcosa che arriva da lontano. Una grande sinfonia risuona potente. Il rapporto fra uomo e donna non è individuale, ma coinvolge anche le loro famiglie. È una bella immagine.

La perfezione

Quando un uomo e una donna s'incontrano, sono attratti l'uno dall'altro, spesso in modo irresistibile. Si considerano individui singoli, io e te. Ma dietro all'uomo ci sono anche sua madre e suo padre, i nonni, i fratelli e le sorelle e tutto ciò che è accaduto nella sua famiglia - un intero sistema. Vedo la seguente immagine: l'intero sistema, che sta dietro all'uomo, attende la donna - non solo lui. Lo stesso vale per la donna. Quando l'uomo vede la donna, deve rendersi conto che dietro di lei ci sono suo padre e sua madre, i nonni, i fratelli e le sorelle, un intero sistema. Esso attende l'uomo. Entrambi i sistemi attendono di poter portare a termine qualcosa che forse è rimasto irrisolto nel loro passato. Nel fare ciò il sistema dell'uomo non guarda solo la donna. Guarda anche il suo sistema. Entrambi i sistemi creano una comunanza di destini e forse desiderano, finalmente, risolvere ciò che è rimasto irrisolto.

Non esiste dunque un rapporto a due come spesso immaginiamo. È un miraggio. Siamo tutti legati a un campo, facciamo parte di una famiglia più ampia. Se un membro della famiglia dell'uomo o della donna è stato escluso, ad esempio un partner precedente o un bambino abortito, abbandonato o disabile, oppure qualcuno di cui ci si vergogna, la persona esclusa è presente nel nuovo rapporto e nella nuova famiglia. Per questo entrambi, l'uomo e la donna, devono accogliere il membro della famiglia escluso nella nuova famiglia. Solo così sono entrambi liberi di vivere il loro rapporto.

Come combinare con successo amore e vita

Le costellazioni familiari non si limitano a portare alla luce ciò che finora era rimasto nascosto, ma indicano anche il cammino verso la soluzione. Mostrare la strada per sciogliere un irretimento e condurre l'interessato su tale cammino sono gli aspetti essenziali delle costellazioni familiari.

Tuttavia proprio come l'amore a prima vista non può durare se non è seguito dall'amore al secondo sguardo, anche nelle costellazioni familiari l'irretimento può essere risolto solo se l'interessato si mette in contatto con qualcosa di più grande. Significa lasciarsi alle spalle ciò che è passato e aprirsi al nuovo, anche se inizialmente fa paura. Il sapere e le prospettive non aiutano molto. È necessaria una particolare forza.

La fonte di tale forza è da un lato il legame con i genitori e gli antenati e dall'altro l'esporsi a qualcosa di più grande. Esponendoci a questo qualcosa di più grande, entriamo in armonia con ciò che ci guida. Talvolta ci conduce oltre i limiti di un irretimento e ci rende liberi di accogliere l'amore pieno e felice. Tuttavia non sempre. Se ci rendiamo conto, per noi stessi o per gli altri, che un limite non può essere superato, quindi che noi o il nostro partner non riusciamo a liberarci di un irretimento, dobbiamo riconoscerlo senza pretendere di cambiare nulla. In un rapporto di coppia tale prospettiva è un po' come morire. Possiamo accettare con amore questa morte se ci diciamo reciprocamente: "Ti amo e amo me stesso con tutto ciò che ci conduce".

Ciò che fa crescere la coppia

Cosa fa crescere la coppia? Alcuni credono che una volta iniziato il rapporto di coppia sia possibile sedersi e riposarsi. Il rapporto di coppia è però parte del compimento della vita, una parte essenziale. Infatti, la vita vera e propria inizia con il rapporto di coppia. Ne costituisce il punto culminante. Dopo la vita cambia completamente, diventa più ricca e completa.

Imparare ad amare dai genitori

Tuttavia il rapporto di coppia è preceduto da qualcos'altro, dall'infanzia. Ci si prepara precocemente al rapporto di coppia. Conosciamo molto presto l'amore di cui abbiamo bisogno per il rapporto di coppia. Lo impariamo prevalentemente dalla madre. Solo se il rapporto con la madre funziona, se prendiamo da lei con tutto il cuore ciò che ci offre, siamo pronti per un rapporto di coppia. Lo stesso vale anche per il rapporto con il padre. Chi non è riuscito ad accettare i propri genitori, non riesce nemmeno ad accettare un partner. Molti problemi di coppia dipendono dal fatto che uno o entrambi i partner non sono in pace con i propri genitori, non sono riusciti a creare un legame profondo, a prendere con gratitudine.

In fondo tutta la giovinezza è prendere con amore. Prendere, prendere e prendere e prendere. Alcuni si rifiutano di prendere per diverse ragioni. Altri sono convinti che ciò che i genitori ci donano sia talmente tanto, da non poter essere compensato, che la nostra gratitudine non potrà mai essere sufficiente a compensare ciò che abbiamo ricevuto.

Prendere con amore

Abbiamo un bisogno interiore molto profondo di compensazione fra dare e prendere. Per questo alcuni bambini non riescono a prendere, temono di non essere in grado di compensare. Talvolta motivano questa incapacità di prendere con recriminazioni e accuse contro i genitori. Quindi prendono molto poco e quindi ottengono anche molto poco. Generalmente non è sufficiente per instaurare un rapporto di coppia. Esso inizia dunque prendendo dai nostri genitori.

Spesso si crea un grave malinteso per quanto riguarda la compensazione. Non saremo mai in grado di compensare ciò che i nostri genitori ci hanno donato. Tuttavia possiamo farlo in un altro modo. Compensiamo donando ad altri, per esempio al partner e soprattutto ai figli. Se ci si rende conto di ciò, non è più necessario preoccuparsi per la compensazione nei confronti dei genitori. Continuiamo a prendere sapendo che prima o poi trasmetteremo ciò che abbiamo ricevuto al partner o ai nostri figli rendendoli più ricchi.

Dunque questa è una condizione per instaurare un rapporto di coppia. L'amore che fa crescere la coppia, inizia già dall'infanzia.

Prendere al di là del bene e del male

C'è un'altra cosa che si contrappone al prendere in preparazione al rapporto di coppia. È la distinzione fra bene e male. Esiste la convinzione, favorita da alcune scuole di pensiero nell'opinione pubblica, che si ripercuote poi naturalmente anche su alcune scuole psicoterapeutiche, che i nostri problemi siano legati ai genitori. Se fossero stati migliori, anche noi staremmo meglio. Si tratta di una strana idea in quanto crescere significa anche superare gli ostacoli. L'opinione diffusa presso alcuni è la seguente: cresciamo semplicemente ricevendo, ricevendo, ricevendo, senza dover fare nulla. Si cresce proprio opponendosi alle difficoltà, attraverso gli errori dei nostri genitori e anche grazie alle difficoltà che forse abbiamo vissuto da bambini. Lungi l'idea che ciò costituisca un danno, anzi è un'occasione per crescere e acquisire forza per la vita vera.

Talvolta immagino come possa stare un bambino che ha i cosiddetti genitori ideali. Può vivere? Impara qualcosa della vita vera? È maturo per un rapporto di coppia?

Meditazione: la preparazione al rapporto di coppia

Immaginiamo i nostri genitori, nostra madre e nostro padre, così come sono. Dietro di loro ci sono i loro genitori, perché anche loro sono stati bambini. Dietro i loro genitori si trovano a loro volta i loro genitori e i loro genitori, infinite generazioni. La vita, che scorre attraverso tutti loro, ha un'origine che non conosciamo. La vita è ciò che di più potente esista. È la cosa più grande che ci sia. È ciò che di più spirituale e divino esista. L'esperienza divina può essere solo esperienza di vita. E qualsiasi esperienza di vita è, in ultima analisi, un'esperienza divina.

La vita, vera e divina, scorre attraverso tutte queste generazioni. Nessuno può aggiungere o sottrarre nulla. Nel prendere e trasmettere la vita tutti sono stati perfetti. Erano perfettamente in armonia con un movimento divino. È così che la vita è giunta ai nostri genitori attraverso tutte quelle generazioni. Essi si sono amati come uomo e donna. Noi siamo stati creati attraverso questo amore fra uomo e donna. La nostra vita è il frutto di questo amore.

Li guardiamo, apriamo il nostro cuore e prendiamo da loro, così come sono, la vita in tutta la sua pienezza, come la cosa più grande che esista, come qualcosa di sacro, di divino. Li guardiamo e accettandola, diciamo: "Grazie". Ma non solo a loro. Il ringraziamento è rivolto anche a tutte le generazione dietro di loro e all'origine della vita. Solo così abbiamo la vita.

Per molti anni abbiamo bisogno delle cure dei nostri genitori. Essi ce le hanno offerte. Ci hanno nutriti, protetti, educati, hanno sempre pensato a noi e si sono chiesti: "Di cosa ha bisogno nostro figlio?". È così che siamo cresciuti, grazie al loro amore e alle loro cure.

L'energia creativa e il divino

Tuttavia i nostri genitori sono esseri umani come noi, con tutti i loro difetti. La crescita è, infatti, profondamente legata a difficoltà ed errori. Il divino, che agisce nella vita, è in questo senso imperfetto. L'idea che il divino sia perfetto, non è sostenibile. Infatti, qualsiasi energia creativa è tale solo perché è stata preceduta da qualcosa di imperfetto. Solo dove vi è qualcosa di imperfetto e ancora incompiuto, solo dove esistono errori, può essere creato qualcosa. Di conseguenza anche l'energia creatrice che riceviamo dai nostri genitori è tale solo in presenza di errori e difficoltà, carenze e colpa. Dobbiamo considerarla necessaria per la nostra vita e per la nostra crescita e accoglierla dentro di noi: sì, fa parte di me, è questo che mi ha permesso di crescere. Si tratta di una parte di me e permetto che lo sia.

Ciò consente di renderci conto di ciò che accade nella nostra anima. Come ci espandiamo e diventiamo forti.

Crescere nel rapporto di coppia

Non possiamo trasmettere ad altri ciò che non abbiamo preso. Ciò si ripercuote profondamente sul rapporto di coppia.

Alcuni hanno una visione ideale del partner, di come dovrebbe essere idealmente. Il partner ideale non ci consente di crescere. Come dovrebbe essere il mio partner ideale? Se posso dirgli: "Tu sei mia madre e io tuo figlio". Tuttavia cosa scaturisce da un tale rapporto di coppia?

Ciascun partner, l'uomo e la donna, sono cresciuti in una determinata famiglia con particolari difficoltà e sono quindi cresciuti ognuno a suo modo. Ora i due s'incontrano e rappresentano una sfida per l'altro. Se si accettano così come sono, possono crescere. Solo così. È questa la condizione.

Solo così si possono vedere con occhi completamente diversi le difficoltà che si presentano spesso nel rapporto di coppia. Si possono apprezzare e sfruttare per crescere rendendo il rapporto di coppia sempre più pieno e felice.

Come far funzionare il rapporto di coppia

Per far funzionare un rapporto di coppia servono tre cose. Ognuna è importante in sé e nessuna può sostituire l'altra.

Il rapporto sessuale

La cosa più importante è il rapporto sessuale. Il fatto che funzioni è indispensabile per il rapporto di coppia, che è orientato all'unione sessuale. Si tratta dell'aspetto essenziale, in quanto la vita può continuare solo attraverso il rapporto sessuale. Nel rapporto sessuale si concentra l'amore e la vita. Costituisce il punto culminante del nostro sviluppo. Nel rapporto sessuale, nell'amore che in esso si manifesta e naturalmente nell'impulso che ci spinge, agisce la forza più potente che conosciamo. Tutta la vita è volta a trasmettere qualcosa agli altri e giunge a compimento quando ci riesce. Per questo la forza che agisce in essa rappresenta la vera e propria forza vitale. Si tratta naturalmente della forza spirituale, della forza più grande, la forza più simile a Dio - per usare un'immagine. In essa si manifesta ciò che c'è di più grande al mondo, il divino, ciò che c'è di più tangibile. Proprio l'essere esposti a tale forza attraverso l'impulso, le consente di manifestarsi come qualcosa di esterno che va oltre noi stessi. Dunque l'aspetto fondamentale del rapporto di coppia è l'amore sessuale.

L'amore del cuore

Vi è poi un altro aspetto. Si tratta dell'amore del cuore. L'amore sessuale funziona meglio se scaturisce dall'amore del cuore, se rappresenta un completamento di questo secondo tipo di amore. L'amore del cuore è indipendente. L'amore sessuale esiste anche senza di esso e l'amore del cuore esiste indipendentemente dalla sessualità. Entrambi sono indipendenti: l'amore sessuale e quello del cuore.

La vita in comune

Passiamo ora al terzo aspetto, la vita in comune. Essa può esistere anche senza sessualità, talvolta anche senza amore. A volte le coppie restano insieme senza provare più amore dal profondo del cuore. La vita in comune è un bene prezioso che va conosciuto e imparato.

Quando si uniscono questi tre aspetti, l'amore sessuale, l'amore del cuore e la vita in comune con tutto ciò che comportano - lo scambio, l'aiuto reciproco, il sostegno -, allora un rapporto di coppia funziona. Allora cresciamo nel rapporto.

Amore e ordine

Cos'è più grande e importante, l'amore o l'ordine? Cosa viene prima? Molti pensano che basti amare abbastanza perché tutto sia in ordine. Ad esempio molti genitori sono convinti che basti amare abbastanza i propri figli perché essi crescano come immaginano. Spesso nonostante questo amore i genitori restano delusi. Evidentemente il solo amore non è sufficiente.

L'amore deve sottostare a un determinato ordine. All'amore viene imposto un ordine. Del resto è così anche in natura: un albero cresce in base a un ordine interiore che non può essere modificato. Può svilupparsi solo all'interno di quest'ordine prestabilito. Lo stesso vale per l'amore e per i rapporti interpersonali: possono svilupparsi solo all'interno di un ordine prestabilito. Se conosciamo gli ordini dell'amore, l'amore e il rapporto di coppia hanno più possibilità di prosperare.

Il primo ordine dell'amore in un rapporto di coppia è la parità fra uomo e donna pur nella loro diversità. Se lo accettano, il loro amore ha maggiori possibilità di riuscita.

Il secondo ordine impone la compensazione fra dare e prendere. Se uno dà più dell'altro, il rapporto ne risulta disturbato. È necessario un equilibrio. Se la necessità di compensazione fra dare e prendere confluisce nell'amore, ognuno dà all'altro qualcosa di più per compensare ciò che ha ricevuto. In questo modo aumentano lo scambio e quindi la felicità comune.

Il bisogno di compensazione sussiste anche in negativo. Quando un partner infligge qualcosa all'altro, quest'ultimo sente l'esigenza di fare lo stesso. Crede dunque di avere il diritto di ferire l'altro. Si tratta di un bisogno irresistibile.

Molti di coloro che hanno subìto un torto credono di avere il diritto di fare a loro volta del male all'altro. In questo caso al bisogno di compensazione si aggiunge qualcos'altro: la sensazione che il torto subìto ci conferisca particolari diritti. Ciò ci porta a non fare all'altro lo stesso male che abbiamo ricevuto, ma di fargliene un po' di più. Avendo ricevuto più male rispetto a quello inflitto, anche l'altro si sente in diritto di fare del male e, proprio perché crede di averne diritto, ne farà all'altro un po' di più. In questo modo nel rapporto aumenta lo scambio nel male. Invece della felicità in un rapporto del genere cresce l'infelicità. È possibile riconoscere la qualità di un rapporto osservando se la compensazione fra dare e prendere avviene più nel bene o nel male.

La domanda è: qual è in questo caso la soluzione? Esiste una soluzione? Bisognerebbe passare dalla compensazione nel male a quella nel bene. Come riuscirci?

Per questo c'è un segreto. Vendicarsi con amore. Quindi fare del male all'altro - ma un po' di meno. In questo modo la compensazione nel male cessa ed entrambi possono ricominciare a dare e prendere nel bene. Si tratta di un aspetto importante degli ordini dell'amore. Se lo si conosce e si agisce di conseguenza, è possibile sistemare molte cose all'interno della famiglia.

È necessario tenere in considerazione un altro ordine dell'amore. Non rispettarlo produce, infatti, conseguenze di vasta portata.

Una donna che crede di essere migliore della propria madre non rispetta gli uomini. Non li comprende e in fondo non ne ha bisogno. Se crede, infatti, di essere migliore della propria madre significa generalmente: sono una moglie migliore per mio padre. Dunque ha già il suo uomo e non ha bisogno di trovarne un altro.

Come può una ragazza diventare donna ed essere in grado di rispettare e di avere un uomo? Mettendosi di fianco alla madre - come la più piccola.

Lo stesso vale ovviamente anche per gli uomini: un uomo che non rispetta suo padre e crede di essere migliore di lui nei riguardi della madre, non rispetta le donne. Ha già la sua donna e non ha bisogno di trovarne un'altra.

Come può riuscire a diventare un uomo ed essere in grado di rispettare e avere una donna? Mettendosi di fianco al padre - come il più piccolo.

L'uomo impara a rispettare le donne dal padre e la donna impara a rispettare gli uomini dalla madre.

Cos'accade se un cocco di mamma sposa una cocca di papà? Il cocco di mamma non è affidabile per una donna e la cocca di papà non lo è per un uomo. Hanno troppo poco rispetto reciproco.

Per questo è necessario innanzi tutto ripristinare l'ordine nella famiglia d'origine in modo che l'uomo rispetti suo padre e la donna la madre.

La vita quotidiana nel rapporto di coppia

Ora parlerò della vita quotidiana nel rapporto di coppia. Come inizia il nuovo giorno in un rapporto di coppia? L'uomo guarda la donna e la donna guarda l'uomo e i loro occhi s'illuminano. Gioiscono della presenza dell'altro. Non è un bel modo per iniziare un nuovo giorno? Dunque l'amore risplende e si mostra in tale luminosità. La più bella espressione dell'amore è gioire dell'altro. È dunque così che inizia un nuovo giorno in un rapporto di coppia. Ci si guarda e si gioisce dell'altro così com'è. Esattamente così com'è. E da qui nasce poi tutto il resto. È questa la felicità, gioire dell'altro e fare qualcosa di questa gioia: dare e prendere. In questo modo la giornata non può essere troppo lunga, c'è sempre qualcosa di nuovo che fluisce fra loro. Crescere è questo.

Dopo decenni d'osservazione ed esperienza, l'essenziale della felicità si riduce a mio parere a tre parole. Queste tre parole, se provate e dette al momento giusto, racchiudono il segreto della felicità in un rapporto di coppia.

Sì

La prima parola è suggerita dall'inizio di un nuovo giorno nel rapporto di coppia. Perché si gioisce dell'altro? Perché lo si accetta così com'è. Questa gioia è contagiosa anche per l'altro. La parola che sta dietro alla gioia è: "Sì". Sì all'altro, sì a me stesso, sì alla situazione così com'è, sì alla felicità.

Ovviamente talvolta c'è qualcosa a ostacolare la felicità, una determinata convinzione. Nella nostra società bisogna pagare quasi per tutto, non vi è nulla per nulla, tutto ha un prezzo. Per questo si comincia a pagare anche per la felicità. Invece di guardare l'altro e gioire, si mette mano al portafoglio per pagare la felicità. In questo modo si perde di vista l'altro - e anche la felicità. Ci restano in mano solo poche monete. È tutto ciò che resta della gioia e della felicità.

In noi agisce un impulso profondo che trae la propria forza dalla convinzione di dover pagare per tutto ciò che riceviamo. Soprattutto per la felicità. Tuttavia quando si è pagato abbastanza, la felicità è già svanita da tempo.

L'idea di dover pagare per tutto vale anche nei confronti di Dio. Ripaghiamo Dio della felicità donataci con sacrifici, pellegrinaggi, donazioni e quant'altro. È contento di ciò che riceve? Gli interessa ciò che paghiamo? Si tratta di una strana idea.

Una volta a un mio corso ha partecipato un signore che si era comperato una Mercedes. Non poteva, era una gioia troppo grande per lui. Nella sua famiglia si potevano acquistare solo Volkswagen - quelle vecchie. Un giorno sull'autostrada un altro veicolo lo ha urtato da dietro. Ha tirato un sospiro di sollievo. Finalmente aveva pagato per la sua felicità.

Vi suona familiare? Accade tutti i giorni. Alcuni continuano a pagare per sempre. Pagano per la felicità e pagano per la colpa.

Ti prego

Quando un uomo ha offeso la moglie, ad esempio con un commento cattivo, gli dispiace e paga per questo. Farà in modo di essere infelice. Quindi espia per ciò che ha commesso. Come sottrarsi a tale espiazione? Attraverso due semplici parole.

L'uomo ha offeso la moglie. L'ha ignorata. Ha perfino dimenticato il suo compleanno. È una cosa grave. Alcuni dimenticano perfino l'anniversario di matrimonio. Allora la moglie lo guarda ed è triste. Cosa fare? Deve espiare? Deve battersi il petto? No. Deve guardarla e dire: "Ti prego", solo "Ti prego". Mi dispiace. "Ti prego". In questo modo il suo cuore si apre e la felicità ha ancora una chance.

Grazie

Ho già accennato a due delle formule magiche per la felicità: "Sì" e "Ti prego". C'è ancora una parola particolarmente bella. "Grazie". Semplicemente "Grazie". In un rapporto di coppia vi sono centinaia di occasioni in una giornata per gioire di qualcosa e per dire: "Grazie". Reciprocamente.

Ecco dunque le tre formule magiche per un rapporto di coppia felice e pieno. Di esse ci possiamo nutrire, anche quando accade qualcosa di difficile.

La delusione

Come mai i partner sono delusi l'uno dell'altro? Perché si aspettano qualcosa che l'altro non è in grado di dare. Si crea un'aspettativa che va oltre la comune aspettativa. Essa risale spesso all'infanzia. Spesso si tratta di un'aspettativa nei confronti della madre. Ed ecco che tutto d'un tratto sopraggiunge la delusione.

Esiste un esercizio che ci consente di superare tale delusione. La sera ci si potrebbe ad esempio sedere, prendere cinque fogli di carta, almeno cinque, immaginare il partner ed elencare ciò che ci ha donato. Cinque lunghe pagine, che non sono comunque sufficienti. Più si scrive, più si è raggianti. È un bell'esercizio.

I vecchi legami restano

Oggi partiamo spesso dal presupposto - e ci comportiamo di conseguenza - che nel rapporto di coppia siano coinvolti solo l'uomo e la donna. Entrambi si amano, sono attratti l'uno dall'altro e diventano una coppia. Spesso perdiamo di vista il fatto che entrambi provengono da una determinata famiglia. Ognuno ha genitori e antenati diversi. In ogni famiglia è accaduto qualcosa di differente. Tali realtà influiscono sul rapporto di coppia. Entrambi i partner provengono da un proprio campo di coscienza, da un diverso campo familiare che li prende al proprio servizio da diversi punti di vista. Per questo nessuno dei due è libero.

Se si aggiunge che uno dei due o addirittura entrambi hanno già avuto un rapporto di coppia stabile in precedenza, magari con dei figli, questo passato li lega da diversi punti di vista. Li lega ai figli e alla loro madre o padre. Dobbiamo partire dal presupposto che ognuno vuole e deve mantenere questo legame. In un nuovo rapporto di coppia nessuno può aspettarsi dall'altro che tronchi tale legame. Ciò si manifesta talvolta nell'incapacità di vivere insieme pur desiderandolo.

I campi di coscienza

In una famiglia, nel senso più ampio del termine compresi quindi tutti gli antenati, tutti sono legati agli altri come se avessero un'anima comune più grande. Possono essere definiti anche un campo di coscienza. In questa grande anima sono presenti tutti coloro che appartengono o sono appartenuti al sistema, anche i morti, tutti i morti. Ad esempio ne fanno parte anche i bambini abortiti e i fratelli e le sorelle morti prematuramente. Ne fanno tutti parte, anche coloro che sono stati rifiutati e di cui non si voleva sapere nulla. Restano presenti nel campo. In esso tutti sono in risonanza con tutti.

Allo stesso tempo all'interno di questo campo si manifesta un movimento che intende riunire tutti coloro che sono separati. A tale scopo esistono due diversi movimenti. Ad esempio talvolta un vivo è attratto da un morto. In questo caso si uniscono nella morte. Spesso si tratta di un movimento d'amore, che invece di condurre alla vita porta alla morte.

Esiste anche un altro movimento, un altro amore che ci tiene in vita. Posso ad esempio accogliere con amore nella mia anima qualcuno che è stato escluso. Invece di attrarmi verso la morte, sostiene la mia vita perché si sente accettato. In questo caso si tratta del movimento opposto, un movimento risanatore.

Essendo irretiti in così tanti legami, è ovvio che la nostra illusione di una vita piena e felice non può essere realizzata. Proprio perché siamo irretiti. Tuttavia se accettiamo questi legami del destino, qualunque cosa pretendano da noi, acquistiamo una particolare profondità. È una profondità che deriva dalla rinuncia. E ovviamente in quel momento siamo anche cresciuti, siamo legati a qualcosa di più grande e possediamo una forza diversa.

Esempio: il labirinto dell'anima

Esercizio con una donna il cui primo marito si è suicidato sei mesi dopo la separazione.

HELLINGER Dove voleva andare morendo? - Da sua madre.

DONNA Nel caso di mio marito ha senso.

HELLINGER Gli stratagemmi dell'anima sono strani. Non mi meraviglio più di niente. L'anima è un labirinto in cui ci si può perdere facilmente. Per orientarsi è necessario seguire un filo rosso. Se lo si tiene sempre in mano, non ci si perde. Un labirinto è buio. Non serve a niente tenere gli occhi aperti. Bisogna tenere in mano il filo rosso. Si avanza grazie a esso, centimetro dopo centimetro. Ogni battito del cuore si avanza di un centimetro. Si seguono dunque i battiti del cuore.
A volte lo immagino. Cerco delle immagini nell'anima che mi permettano di orientarmi nel labirinto dell'amore. Si seguono i battiti del cuore. Ogni battito del cuore significa: "Ti prego, ti prego, ti prego, ti prego". Questo "Ti prego" ci riporta indietro all'infanzia, prima di tutto alla madre: "Ti prego". Si procede a tentoni nel buio, con l'immagine della madre davanti agli occhi dicendo: "Ti prego, ti prego". Ogni "Ti prego" rappresenta un passo in avanti.
Poi il battito accelera leggermente. I passi diventano un poco più ampi. Tuttavia è sempre buio. A ogni passo e a ogni battito del cuore dici "Grazie". Dillo a tuo marito morto: "Grazie".
Poi inizi a respirare più profondamente, a ogni "Grazie" inspiri ed espiri profondamente. Ma nel labirinto è sempre buio. Devo continuare a percorrere con te il labirinto dell'amore?

DONNA Sì, per favore.

HELLINGER Volentieri. Ora a ogni passo dici "Sì". Si tratta di un sì molto speciale. Un sì alla vita e un sì alla morte, a entrambi. Dici sì alla tua vita e fai altrettanto con la morte di tuo marito. Questa morte fa parte della sua vita. Sì.
E ora guarda il tuo attuale marito e dì anche a lui: "Sì".

La comunanza di destini

Al contrario delle idee che ci siamo fatti sull'amore romantico, in un rapporto di coppia agiscono molte altre forze. Nell'amore romantico entrambi sono innamorati, non vedono nulla. Sono orientati così esclusivamente verso l'altro, da escludere qualsiasi contesto. L'amore romantico non può resistere a lungo in quanto il contesto inizia presto a manifestarsi.

Vedo il rapporto di coppia anche in un altro contesto. Ciascun sistema familiare ha un particolare destino e un particolare disordine. Il disordine nasce quando coloro che appartengono al sistema non vengono considerati come tali. Chi è escluso preme per essere accettato. A seguito di questa pressione, un bambino appartenente al sistema deve rappresentare la persona esclusa, senza rendersene conto. Ad esempio spesso è escluso un precedente partner dei genitori o dei nonni, magari perché è morto prematuramente. Forse una donna è morta di parto. Queste persone non sono tenute in considerazione nel sistema, spesso perché il loro destino fa paura. Esse però si fanno notare successivamente attraverso un bambino. Egli non si rende conto di essere posseduto da qualcosa, di essere irretito nel destino di qualcun altro.

Se questo problema dell'esclusione resta irrisolto in famiglia, il bambino cercherà da adulto un partner che aiuti lui e la sua famiglia a risolvere il problema. Quindi il sistema della donna cerca attraverso di lei una soluzione per il problema irrisolto nel sistema dell'uomo. Magari accade anche il contrario. L'uomo e il suo sistema cercano attraverso la donna e il suo sistema una soluzione al loro problema. In questo modo entrambi creano una comunanza di destini in cui entrambi cercano una soluzione nell'altro.

A tale proposito ho osservato un esempio eclatante in Svizzera. Un uomo aveva un fratello morto di stenti durante la guerra. La famiglia non aveva abbastanza cibo. L'uomo era molto legato al fratello e temeva di subire la sua stessa sorte, aveva paura che morire di fame fosse anche il suo destino. Cos'ha fatto dunque? Ha sposato una donna anoressica. Doveva morire di fame al suo posto.

Dunque questi irretimenti esistono. Talvolta conducono in dimensioni che appaiono mostruose. Riporto un esempio tratto da un corso per coppie tenuto a Washington. Una donna fece una rappresentazione sulla coppia senza il marito. La disposi dunque da sola nello spazio e le posizionai di fronte un rappresentante per il marito. L'uomo iniziò a tremare in tutto il corpo spaventato a morte. Così chiesi alla donna: "Hai mai pensato di ucciderlo?". Rispose: "Sì". La figlia, che era presente, aveva tentato il suicidio in precedenza. In questa famiglia vi era dunque un potenziale aggressivo molto forte. Quando viene alla luce una cosa del genere, alcuni sono tentati di dire: "Quella donna cattiva". Io non lo faccio. Le dissi: "Deve essere accaduto qualcosa di particolare nel tuo sistema". Dopo un po' venne da me e mi disse: "Mio padre ha partecipato alla creazione della bomba atomica". Aggiunse: "Mi chiedo come mai ho sposato un giapponese". Su cosa si basava dunque l'irretimento? La guerra fra Stati Uniti e Giappone proseguiva in questo matrimonio. E nessuno se ne rendeva conto. È questa la comunanza di destini. Talvolta conduce perfino alla morte.

Se si riconosce la comunanza di destini, tutto d'un tratto si manifesta una soluzione per entrambi i partner, che riescono a trovare la pace. Questa coppia è stata bene dopo la rappresentazione. Subito dopo la figlia si è recata in Giappone, dove ha concluso gli studi ed è rifiorita.

Il rapporto di coppia, come qualsiasi altro rapporto umano, è incredibilmente profondo. Se ci esponiamo a tutte le sue dimensioni, troviamo un tipo di amore e di rapporto completamente diverso. Molto più profondo e aperto nei confronti di tutto.

Come ho già detto, per l'ordine è importante che tutti coloro che sono stati esclusi vengano reinseriti nel sistema. È questo il movimento principale che conduce all'ordine nei rapporti e alla felicità per tutti.

L'altro nel rapporto di coppia

Magari aggiungo ancora qualcosa a proposito dei rapporti di coppia e della crescita nei rapporti di coppia. Crescita significa sempre ampliamento. Chi cresce, deve accogliere qualcosa dentro di sé dall'esterno. Cresce grazie a ciò che prima si trovava al di fuori di lui. Accogliendolo dentro di sé, cresce.

Uomini e donne sono diversi

Un uomo capisce poco delle donne. Avete mai conosciuto un uomo che capisca veramente qualcosa delle donne? Avete mai incontrato una donna che afferma: "Mio marito mi comprende"? E lo stesso vale anche al contrario. Le donne non capiscono molto degli uomini. Altrimenti non tenterebbero continuamente di cambiarli.

Quindi quando uomo e donna s'incontrano, incontrano qualcosa di estraneo, qualcosa che non possiedono, qualcosa che non comprendono, ma di cui hanno bisogno. L'uomo ha bisogno della donna. Cosa sarebbe altrimenti un uomo? Senza una donna non è uomo. Anche la donna ha bisogno dell'uomo. Senza un uomo non è donna. Diventa tale solo con un uomo. Non è vero? Tutto il resto è provvisorio.

Dunque s'incontrano due persone diverse fra loro. Si completano senza capirsi, senza capirsi profondamente. È questo che mantiene la tensione e l'eccitazione nel rapporto per tutta la vita. Il marito si stupisce continuamente della moglie e lo stesso accade alla donna nei confronti del marito. È questo che mantiene vivo il rapporto.

Nel momento in cui un uomo incontra una donna, riconosce di essere incompleto. Deve rinunciare alla convinzione di essere una persona completa anche senza una donna. Lo stesso vale anche per la donna. Incontrando un uomo si rende conto che essere donna da sola non basta. Manca qualcosa. Deve rinunciare alla convinzione di rappresentare la giusta personificazione dell'umanità. Infatti, improvvisamente si trova di fronte una persona completamente diversa, anch'essa giusta. Entrambi sono giusti, ma diversi. Accettandolo, rinunciano a una precedente convinzione e diventano umili. In altre parole accettano di avere bisogno dell'altro. Se entrambi riconoscono questo dato di fatto, ne risultano arricchiti. E crescono.

Crescita significa: accettare qualcosa che fino a quel momento mi era estraneo e che mi induce ad abbandonare la mia superiorità. Entrambi lo fanno vicendevolmente, l'uomo e la donna. E in questo modo crescono. Crescita significa questo.

Anche le famiglie sono diverse

Si aggiunge il fatto che l'uomo proviene da una famiglia diversa rispetto a quella della donna e che anch'essa proviene da una famiglia diversa da quella dell'uomo. Entrambe le famiglie sono diverse. Spesso l'uomo guarda dall'alto in basso la famiglia della donna e viceversa. Magari entrambi affermano: "La mia famiglia è migliore". È comprensibile in quanto il legame che ci lega alla nostra famiglia fa sì che la consideriamo la migliore. E deve esserlo. Altrimenti non possiamo sopravvivere.

Ma queste famiglie sono diverse l'una dall'altra. Così come l'uomo è giusto, anche se non è una donna e come la donna lo è anche se non è un uomo, così anche la famiglia dell'uomo è giusta e lo è anche quella della donna, anche se sono diverse. Tuttavia ognuno deve riconoscere alla famiglia dell'altro lo stesso valore che attribuisce alla propria. Facendolo rinuncia a qualcosa. Così come l'uomo rinuncia alla propria convinzione di essere l'unica persona giusta, rinuncia anche a credere che la sua famiglia sia l'unica giusta. E lo stesso vale per la donna. Entrambi accolgono qualcos'altro dentro di sé che consente loro di crescere.

Quanto sia importante si manifesta se la coppia ha dei figli e deve decidere della loro educazione. Spesso vi è un contrasto fra i valori delle diverse famiglie. Anche in questo caso ognuno deve rinunciare a qualcosa. In questo modo trovano qualcosa in comune a un livello superiore. Questo qualcosa è più grande di ciò che prima credevano essere l'unica cosa giusta. Anche questo significa crescere.

Essere in armonia con i nostri limiti

Quando incontriamo qualcuno che si trova in una situazione difficile, spesso desideriamo risolvere il suo problema. Vogliamo aiutarlo. Ma siamo in grado di farlo e ne abbiamo il diritto? Spesso ci rendiamo conto di non averne le capacità e nemmeno il diritto. Qualcosa dentro di noi ce lo impedisce. Quindi dobbiamo accettare di essere giunti a un limite.

Lo stesso avviene in molti rapporti di coppia. Uno dei partner è irretito in qualcosa e l'altro non ne conosce il motivo. Molto spesso si tratta di qualcosa nella sua famiglia d'origine. Tuttavia può trattarsi anche di qualcos'altro che lo imprigiona. Talvolta può essere ad esempio un aborto che tiene l'altro prigioniero allontanandolo dal rapporto di coppia, conducendolo addirittura alla morte, se non altro nell'immaginazione e nei suoi desideri.

L'altro vorrebbe aiutarlo, ma si rende conto di non potere. In questi casi è difficile non fare nulla. Deve riconoscere che le sue forze non sono sufficienti o che la sua prospettiva non è in grado di aiutare l'altro. In questo caso l'atteggiamento interiore adeguato è accettare la situazione così com'è - con tutte le conseguenze per lui e per me, per entrambi. È così che sono in armonia con qualcosa di più grande. Ora posso attendere. Forse la soluzione si manifesta con il tempo. Talvolta però non accade nulla. In questo caso si può giungere a una separazione. Ognuno segue il proprio destino nel modo che giudica più opportuno.

Alcuni pensano che sia grave, che un'altra soluzione sarebbe stata migliore. Questa nostalgia è comprensibile. Ma ne abbiamo il diritto? Possiamo avere questa convinzione?

Amore che dura

L'amore che funziona è umano e comune. Riconosce che abbiamo bisogno degli altri, che senza di loro intristiamo. Se lo accettiamo reciprocamente, diamo qualcosa all'altro e prendiamo qualcosa. Siamo felici di ricevere e dare qualcosa. Continuando a dare e a prendere con rispetto reciproco, con benevolenza e con il desiderio, che sia noi che l'altro stiamo bene, comprendiamo cosa significa amare umanamente.

Questo amore inizia con il rapporto fra uomo e donna. Tutte le altre relazioni nascono da questo amore. Esso costituisce la base di tutti i rapporti umani e siamo irresistibilmente spinti verso di esso. Infatti, l'uomo ha bisogno della donna per essere completo e la donna ha bisogno dell'uomo. È un desiderio molto forte che li spinge l'uno verso l'altro. Questo desiderio, definito da alcuni impulso in modo dispregiativo, è il più potente movimento della nostra vita. Porta avanti la vita. È per questo che tale desiderio è profondamente legato all'origine primaria della vita. Riconoscendolo, diventiamo un tutt'uno con l'origine primaria della vita. Questo amore e questo desiderio ci mettono in contatto con la pienezza della vita. Chi si abbandona a questo amore deve affrontare una sfida. La più somma felicità e la più profonda infelicità derivano entrambe da questo desiderio e da questo amore. In esso cresciamo.

Chi si abbandona a questo amore, dopo un po' trabocca. Questo amore va molto al di là del rapporto di coppia, ad esempio quando nascono dei figli. In questo caso l'amore si trasforma nell'amore dei genitori per i figli. E l'amore che i figli sperimentano, ritorna ai genitori. E così i figli crescono fino a cercare a loro volta un uomo o una donna per tramandare il flusso della vita.

Dunque l'amore assorbe sempre più cose con il passare del tempo. Assorbe anche altre persone. Tuttavia ciò avviene solo se accettiamo questo amore e lo viviamo come umano. È così che nasce il grande amore. Questo amore ha forza e dura.

Il paradiso

C'è un'altra prospettiva importante. La felicità attende fuori dal paradiso. La crescita è possibile solo fuori dal paradiso. La forza creatrice inizia dopo che siamo stati cacciati dal paradiso. Il grande amore inizia quando finisce l'amore paradisiaco.

La dedizione

Da un lato la dedizione mi fa allontanare da me stesso. Lascio andare qualcosa in me stesso. Dall'altra parte vado incontro a qualcosa. Mi offro a qualcuno così da non appartenere più a me stesso, ma alla persona a cui mi sono offerto.

Mi perdo nella dedizione? O mi ritrovo in essa, ma in un modo nuovo e pieno? Essa significa lasciare e prendere allo stesso tempo.

La domanda è: dove inizia la dedizione? Inizia da me stesso? Dipende da me? Oppure inizialmente sono attratto da qualcosa al di fuori di me? La mia dedizione è semplicemente la risposta a qualcosa che l'ha preceduta? Ad esempio la dedizione a un lavoro, a un gioco, a un interesse, a un particolare genere musicale e, ovviamente, soprattutto alle persone che amiamo? La dedizione dei bambini nei confronti dei genitori, la dedizione dell'uomo o della donna alla persona amata, la dedizione dei genitori nei confronti dei figli?

La dedizione inizia quando veniamo presi da un movimento che ci attrae e ci raccoglie. In quell'attimo ci lasciamo andare e ci offriamo. Da quel momento siamo esposti ai movimenti che prendono possesso di noi.

Stranamente è proprio nella dedizione che siamo più profondamente con noi stessi. In essa siamo sia al di fuori di noi stessi che con noi stessi, dimentichi di noi stessi e allo stesso tempo assolutamente presenti. Siamo in qualcosa e allo stesso tempo siamo anche in movimento.

Dove sperimentiamo maggiormente la dedizione? Osservando insieme qualcosa di potente che si trova di fronte a noi, che ci attrae restando allo stesso tempo misterioso e inafferrabile. Questa visione è pura dedizione senza movimento. Si tratta di dedizione che resta, dedizione come puro esistere.

Intimamente

Intimamente significa dentro. Un legame intimo è interiore, dal centro verso il centro. Cosa si trova così intimamente in noi? La nostra anima e il nostro cuore. Il legame intimo si crea fra anima e anima e fra cuore e cuore.

Cos'è per noi l'anima? Cos'è il cuore? È la mia anima? È il mio cuore? Oppure si tratta di un'anima comune, di un cuore comune? È un'anima che va oltre me e te? È un grande cuore, che va oltre il mio e il tuo cuore?

Dove diventiamo intimi? Dentro di noi o al di fuori? O in qualcosa che ci circonda entrambi?

Insieme creiamo un legame di intimità con qualcos'altro pur mantenendo la distanza. Questo qualcosa resta, infatti, al di là di noi. Per questo si crea e allo stesso tempo non si crea intimità. Ma nemmeno intimità esteriore. Siamo in intimità con qualcosa che ci coinvolge tutti. Intimi quindi, perché allo stesso tempo siamo intimi con qualcos'altro e ci sentiamo sicuri nella nostra intimità.

Cos'accade in questo caso nell'amore fra uomo e donna? Siamo dentro di noi perché allo stesso tempo ci manteniamo al di fuori.

Bambini felici

Cosa rende felici i bambini?

Se i loro genitori sono contenti di loro. Entrambi i genitori. Quando entrambi i genitori sono contenti dei figli? Quando in loro rispettano e amano il partner, l'uomo o la donna e ne sono contenti.

Si parla molto dell'amore. Tuttavia come si manifesta al meglio l'amore? Quando gioisco dell'altro esattamente così com'è. E gioendo del figlio, esattamente così com'è.

Accade che i genitori vivano il potere che esercitano sui figli - in particolare sono le madri a sperimentare molto profondamente questo potere che deriva dalla lunga simbiosi con il bambino - come un compito. Non più come potere indipendente, ma come potere al servizio del bambino per un determinato periodo di tempo.

Qualche tempo fa tenni un corso a cui partecipò una donna con un bambino di cinque mesi che teneva stretto al petto. Era seduta vicino a me. Le dissi: "Guarda oltre tuo figlio, verso qualcosa lontano dietro di lui". La donna lo fece e il bambino respirò profondamente e mi sorrise. Era felice.

Quindi questo guardare oltre rende entrambi liberi, sia i genitori che il bambino. Entrambi possono esporsi maggiormente al loro destino, gioiscono e in questo modo lasciano andare l'altro il più possibile.

Verso cosa ha guardato la donna in lontananza? Verso il suo destino e quello del figlio. Si tratta di qualcosa che non si manifesta e che ciononostante ci guida.

Aiutare i bambini difficili

L'amore consapevole

Fra i diversi fattori che creano difficoltà ai bambini vi è l'idea di dovere o potere farsi carico di qualcosa al posto dei loro genitori o antenati. Ciò crea loro infiniti problemi. E in un certo senso anche ai genitori. Per comprendere tale situazione, è necessario sapere qualcosa a proposito della differenza fra le diverse coscienze.

La buona e la cattiva coscienza

Sentiamo di avere una buona o una cattiva coscienza, ci sentiamo colpevoli o innocenti. Molti pensano che abbia a che fare con il bene e il male. Tuttavia non è così. Si tratta del legame con la famiglia e della separazione da essa. Grazie alla coscienza tutti sanno istintivamente cosa fare per appartenere alla famiglia. Se ci comportiamo in conformità con essa, abbiamo una buona coscienza. Buona coscienza significa quindi: sento di avere il diritto di appartenenza.

Se ci discostiamo dai canoni di comportamento stabiliti dalla coscienza, abbiamo paura di perdere l'appartenenza. Questa paura viene percepita come cattiva coscienza. Cattiva coscienza significa quindi: ho paura di avere compromesso il mio diritto d'appartenenza.

Percepiamo in modo diverso la buona e la cattiva coscienza a seconda del gruppo a cui apparteniamo. La percezione cambia addirittura da persona a persona. Per questo percepiamo una coscienza diversa nei confronti del padre e della madre, sul lavoro e a casa. La coscienza cambia dunque continuamente, perché la nostra percezione varia da gruppo a gruppo e da persona a persona in quanto nei diversi contesti cambia ciò che dobbiamo fare o evitare per garantirci l'appartenenza.

Grazie alla coscienza distinguiamo coloro che appartengono al nostro gruppo da chi invece non ne fa parte. Legandoci alla nostra famiglia, la coscienza ci separa da altri gruppi o persone e pretende che ci separiamo da loro. Per questo la coscienza ci fa provare sentimenti di rifiuto o addirittura di ostilità nei confronti di altri gruppi o persone. Tale rifiuto dipende dal bisogno d'appartenenza e ha poco o nulla a che fare con il bene e il male.

Dunque questa è la coscienza che percepiamo. Essa ci consente di distinguere fra bene e male, ma sempre e solo in riferimento a un determinato gruppo.

L'irretimento

Esiste però anche un'altra coscienza, una coscienza nascosta, una coscienza arcaica, una coscienza collettiva. Essa segue altre regole rispetto alla coscienza che percepiamo. Si tratta della coscienza di gruppo. Essa fa in modo che in una famiglia tutti rispettino determinati ordini indispensabili per la sopravvivenza e la coesione del gruppo.

Il primo e più importante di questi ordini impone che tutti coloro che appartengono al gruppo godano dello stesso diritto d'appartenenza. Tuttavia sotto l'influsso della coscienza che percepiamo escludiamo talvolta determinati membri della famiglia. Ad esempio coloro che consideriamo cattivi o che temiamo. Li escludiamo perché li consideriamo pericolosi per noi.

Questa coscienza nascosta giudica però ciò che facciamo sotto l'influsso della coscienza che percepiamo, la buona coscienza. L'altra coscienza non sopporta, infatti, che qualcuno sia escluso. Se accade ugualmente, qualcun'altro sarà destinato, sotto l'influsso della coscienza nascosta, a imitare e rappresentare la persona esclusa senza rendersene conto. Definisco irretimento questo legame inconscio con una persona esclusa.

Ciò ci consente di comprendere che molti bambini, che sembrano assumere un comportamento strano o atteggiamenti suicidi o che sviluppano una qualche forma di dipendenza o qualsiasi altro tipo di atteggiamento atipico, sono legati a una persona esclusa. Sono irretiti. Di conseguenza è possibile aiutarli solo se essi stessi e gli altri membri della famiglia accolgono nuovamente la persona esclusa nella famiglia e nel proprio cuore. Ciò libera i bambini dall'irretimento.

Per aiutare questi bambini, gli altri membri della famiglia che hanno sempre distolto lo sguardo devono decidersi finalmente a guardare. E coloro che erano arrabbiati con qualcuno o che lo hanno escluso, devono guardarlo con amore e accoglierlo nuovamente nella famiglia. È questa la causa di molte difficoltà dei bambini e anche della preoccupazione dei genitori per i propri figli.

L'amore cieco

La coscienza deve sottostare anche a un'altra legge, che causa a sua volta difficoltà ai bambini. Essa impone che coloro che sono entrati a far parte della famiglia prima degli altri abbiano la precedenza rispetto a coloro che si sono aggiunti successivamente. Esiste dunque una gerarchia fra i membri della famiglia che deve essere rispettata.

Molti bambini prendono tuttavia su di sé ciò che spetta ai loro genitori, per aiutarli. In questo modo però non rispettano la gerarchia. Sotto l'influsso della propria coscienza il bambino dice interiormente alla madre o al padre frasi come: "Me ne faccio carico al tuo posto". "Mi faccio carico dell'espiazione al tuo posto". "Mi ammalo al posto tuo". "Muoio al posto tuo". Tutto ciò accade per amore, a causa di un amore cieco. Esso determina dei comportamenti quali la dipendenza o atteggiamenti suicidi e aggressivi. Tali comportamenti e la minaccia nei confronti di sé stessi sono il tentativo di farsi carico di qualcosa al posto dei genitori. Ciò costituisce una violazione dell'ordine.

L'ordine

Se si conosce l'esistenza della gerarchia, è possibile ripristinarla. Ciò significa ad esempio: i genitori devono affrontare in prima persona le conseguenze del proprio comportamento e del proprio irretimento. In questo modo il bambino è libero. Non è più costretto a farsi carico di qualcosa che riguarda unicamente gli altri.

La violazione dell'ordine originario è severamente punita dalla coscienza nascosta. Qualsiasi bambino che tenta di farsi carico di qualcosa che appartiene ai genitori o ad altri, che facevano parte del gruppo già prima di lui, è destinato a fallire. Nessun tentativo di farsi carico di qualcosa al posto dei genitori ha successo. È sempre destinato a fallire per tutte le persone coinvolte. È importante saperlo. Per questo è essenziale aiutare i bambini a non immischiarsi in ciò che non li riguarda. Prima che ai bambini bisogna dunque rivolgersi ai genitori e fare in modo che risolvano il loro problema. Se ciò avviene, i bambini sono liberi. Sono in pace e sollevati.

Queste sono dunque due leggi fondamentali che bisogna tenere presenti e comprendere interiormente se si vogliono aiutare i bambini difficili.

Tutti i bambini sono buoni - e anche i loro genitori

L'affermazione: "Tutti i bambini sono buoni - e anche i loro genitori" può forse far scuotere la testa a qualcuno. Com'è possibile? Queste affermazioni hanno un'origine molto lontana. Sostengono che siamo buoni e lo siamo stati anche da bambini e continuiamo a esserlo. Esprimono inoltre il concetto che anche i nostri genitori sono buoni, perché sono stati bambini, che da bambini sono stati buoni e che lo sono anche come genitori.

Desidero spiegare ciò che sta dietro questa frase, al di là dell'evidenza. Quando affermiamo: "Ma il bambino ha fatto questo e quello, e i suoi genitori hanno fatto questo e quello". In effetti lo hanno fatto. Ma perché? Per amore.

Ovviamente la conclusione è che ognuno è buono così com'è. Che è buono proprio perché è così com'è. Che per questo non possiamo preoccuparci se noi stessi, i nostri figli o i nostri genitori sono buoni o cattivi. Tuttavia talvolta il nostro sguardo è oscurato e non ci permette di vedere dove siamo buoni, dove i bambini sono buoni e dove lo sono i loro genitori. Desidero innanzi tutto spiegare questa affermazione.

Il campo di coscienza

Le rappresentazioni delle costellazioni familiari hanno mostrato che siamo legati a un sistema più ampio, un sistema familiare. A tale sistema appartengono non solo i nostri genitori e i nostri fratelli e sorelle, ma anche i nonni, i bisnonni e gli antenati. Ne fanno parte anche coloro che si sono rivelati importanti per il sistema, come i partner precedenti dei nostri genitori o dei nonni. Nel sistema tutti sono guidati da una forza comune, che rispetta determinate regole.

Il sistema familiare è un campo di coscienza all'interno del quale tutti sono in risonanza con tutti - come viene manifestato dalle costellazioni. Tale campo si trova talvolta in uno stato di disordine, che si crea quando una persona appartenente al sistema viene esclusa, rifiutata o dimenticata. Queste persone escluse o dimenticate sono in risonanza con noi e si manifestano nel presente. Infatti, all'interno del campo vige una regola fondamentale: *tutti coloro che appartengono al sistema hanno lo stesso diritto d'appartenenza*. Nessuno può essere escluso. Nessuno può andare perso all'interno del campo, continua ad agire. L'esclusione di una persona per qualunque motivo fa sì che, sotto l'influsso del campo e della risonanza, un altro membro della famiglia sia destinato a rappresentare l'escluso. La persona prescelta, ad esempio un bambino, inizia a comportarsi in modo strano. Sviluppa una qualche forma di dipendenza, si ammala o manifesta comportamenti criminali o aggressivi. Può diventare addirittura un assassino, schizofrenico o qualsiasi altra cosa. Ma perché? Perché guarda con amore la persona esclusa o rifiutata e con il suo comportamento ci costringe a guardarla con amore. Questo comportamento negativo manifesta in realtà amore per qualcuno escluso dal campo.

Invece di guardare con preoccupazione il bambino e tentare di cambiarlo, cosa che come sapete non conduce comunque ad alcuna soluzione essendo in campo forze superiori, guardiamo insieme al bambino il campo di coscienza a cui appartenia-mo finché, grazie all'aiuto del bambino, non riusciamo a guardare proprio là dove la persona esclusa attende di essere vista e riportata nella nostra anima, nel nostro cuore, nella nostra famiglia, nel nostro gruppo, forse addirittura nel nostro popolo.

Quindi tutti i bambini sono buoni se permettiamo loro di esserlo. Significa non guardare solo loro, ma guardare là dove guardano con amore.

La grande rivelazione delle costellazioni familiari è la seguente: invece di preoccuparci per questi bambini o per altre persone e pensare di loro: "Come possono comportarsi in questo modo?", guardiamo insieme a loro la persona esclusa e accogliamola dentro di noi. Non appena trova posto nell'anima dei genitori, della famiglia e del gruppo, il bambino tira un respiro di sollievo e può finalmente liberarsi dell'irretimento che lo teneva legato a un'altra persona.

Se lo sappiamo, possiamo attendere finché riconosciamo dove ci sta conducendo il comportamento di quel bambino, dove ci conduce in quanto genitori o altri membri della famiglia. Se accompagniamo il bambino verso quel luogo e accogliamo dentro di noi la persona esclusa, i bambini sono salvi.

Chi altri è salvo? I genitori e gli altri membri della famiglia. Tutto d'un tratto siamo diversi o più ricchi, perché abbiamo accolto dentro di noi qualcosa che era stato escluso. Ora, nel presente, tutti possono comportarsi diversamente. Con più amore, con più indulgenza, al di là delle nostre semplicistiche distinzioni fra bene e male, che forse ci fanno credere di essere migliori degli altri, anche se coloro che giudichiamo peggiori amano solo in un altro modo. Se guardiamo insieme ai bambini là dove amano, cessano le distinzioni fra bene e male.

Un'altra conclusione è naturalmente che anche i nostri genitori sono buoni e che dietro a tutto ciò che forse consideriamo criticabile nel loro comportamento, agisce l'amore. Esso non è tuttavia diretto a noi, ma da qualche altra parte, verso qualcuno che vogliono riportare nella famiglia. Se iniziamo a fare spazio dentro di noi a tutti gli esclusi, anche noi guardiamo insieme ai nostri genitori là dove amano. E sia noi che i nostri genitori siamo liberi. Tutto d'un tratto ci rendiamo conto di essere in una situazione completamente diversa e impariamo cosa significa il vero amore.

L'amore nascosto del bambino

Ciò che viene alla luce attraverso il comportamento dei bambini, che appare talvolta strano e incomprensibile, è qualcosa di cui il sistema ha bisogno, ma che viene negato dagli altri membri del sistema. Il bambino se ne fa carico al posto degli altri. Guarda gli esclusi con amore. Dietro a tale comportamento agisce l'amore nascosto. Nel lavoro con i bambini difficili non si deve guardare dunque il bambino, ma là dove egli rivolge lo sguardo. In questo modo si avvia un movimento, un movimento risanatorio che rende il bambino libero, perché gli altri guardano proprio là dove devono. In questo modo il bambino non deve più guardare al loro posto e comportarsi di conseguenza. È questo il metodo da applicare per aiutare i bambini.

Pensiamo a ciò che spesso accade a questi bambini. Sono sottoposti a una terapia, assumono medicinali, come se avessero qualcosa che non va. Invece fanno qualcosa per gli altri, per gli adulti. È in quest'ottica che questo tipo di aiuto nei confronti dei bambini è innovativo e apre possibilità completamente nuove. Tuttavia, solo se non guardiamo i bambini, ma dirigiamo insieme a loro lo sguardo verso ciò che li attrae e li porta a fare qualcosa per gli adulti. È così che i bambini possono liberarsi di un peso. I genitori e chiunque altro sia coinvolto, devono cambiare. Devono guardare ciò che hanno evitato di vedere. È qui che inizia uno sviluppo, una crescita, innanzi tutto nei genitori. Solo così i bambini possono essere liberi.

L'ordine

Questa è la pedagogia sistemica, una pedagogia completamente diversa. È questo il segreto di questo tipo di lavoro. È questo un particolare consiglio di vita. È così che si aiutano i bambini a liberarsi di un irretimento e si riporta un po' d'ordine nel sistema familiare.

Il disordine in un sistema è sempre lo stesso: l'esclusione di coloro che vi appartengono. Fanno parte del sistema anche tutte le vittime dei membri della famiglia. Se una persona è coinvolta nella morte di qualcuno, ne è addirittura responsabile, questi morti fanno parte del sistema. Sono presenti. Agiscono e si manifestano spesso attraverso un bambino. Quest'ultimo guarda nella loro direzione, ma se non lo fanno anche gli altri, è inutile. Sono le persone direttamente coinvolte a dover guardare. Se ciò non avviene, l'ordine si trasforma in disordine.

Ordine significa sempre accogliere ciò che è stato escluso. È questo ciò che tengo maggiormente in considerazione nel mio lavoro, ora e in futuro. È questo che s'intende per consiglio di vita nel senso più ampio del termine. Ci consente di vedere altre relazioni che facilitano il compito di aiutare i bambini e naturalmente anche i loro genitori.

Esempio: "Resto con te"

FACILITATORE Si tratta di un ragazzo di 12 anni che i genitori e gli insegnanti non riescono a gestire. Il suo comportamento è caotico e aggressivo. Suo padre è malato.

HELLINGER Di che malattia soffre?

FACILITATORE Gambe aperte (ulcus crucis) e ipertensione.

HELLINGER *al gruppo* Immaginiamo ciò che ci è stato riferito: dove guarda il ragazzo? Dove è diretto il suo amore?

FACILITATORE Al padre.

HELLINGER È chiaro.
Dopo un attimo di riflessione Qual è la frase che il ragazzo pronuncia dentro di sé? Dice al padre: "Resto con te".

E il padre cosa gli risponde? "Sono contento di te".
E tu cosa gli dici in qualità d'insegnante? "Vedo il tuo amore e ne sono contento".
Ora hai accolto suo padre nel tuo cuore, lo si vede subito. Accogliendolo nel cuore consenti al figlio di essere sollevato.

FACILITATORE Sì.

HELLINGER Bene.

Esempio: la figlia non vuole studiare

HELLINGER *a una donna* Di cosa si tratta?

DONNA Mia figlia non vuole andare a scuola. Fa la quarta elementare. Si rifiuta sempre più ostinatamente di andare a scuola e di uscire di casa.

HELLINGER E il padre della bambina?

DONNA Il padre è molto più giovane di me. Non siamo stati insieme per molto tempo. Abbiamo più volte tentato di separarci. Ho cercato spesso di discutere l'argomento, ma lui è troppo preso con se stesso.

HELLINGER Quanti anni ha meno di te?

DONNA 22.

HELLINGER 22 anni più giovane? Ah, capisco, allora inizierò con la bambina.

Hellinger sceglie una rappresentante per la figlia e le chiede di disporsi nel campo. La figlia muove nervosamente le dita e si sfrega le mani. Poi guarda a terra.
Hellinger le chiede di ritornare per un attimo a sedersi. Sceglie

una rappresentante per la madre della bambina. La rappresentante volta la testa dall'altra parte. Poi guarda a terra e stringe i pugni. Si accuccia e strofina il pavimento con una mano come se volesse lavare via qualcosa. Stringe l'altra mano a pugno.
A questo punto Hellinger prega la rappresentante della figlia di posizionarsi a una certa distanza di fronte alla madre. La madre continua a sfregare forte il pavimento.

HELLINGER *alla rappresentante della figlia* Dì a tua madre: "Mi prendo cura di te".

FIGLIA Mi prendo cura di te.

La madre continua a sfregare il pavimento e intanto guarda la figlia. La figlia si avvicina alla madre. Quest'ultima si volta e sfrega il pavimento con entrambe le mani. Guarda brevemente la figlia, ma poi distoglie lo sguardo. La figlia allarga le braccia come se volesse aiutare la madre. Quest'ultima s'inginocchia e abbassa la testa fino quasi a toccare il pavimento. Intanto continua a sfregare il pavimento con entrambe le mani.

HELLINGER *dopo un po' alle rappresentanti* Okay, vi ringrazio entrambe.
Alla donna Ti è chiaro perché tua figlia vuole restare a casa?

DONNA Mi protegge, mi vuole aiutare.

HELLINGER Sì, ha paura che tu muoia o ti uccida.

La donna annuisce colpita e inizia a piangere.

DONNA Mi puoi aiutare a capire in che direzione guardare?

HELLINGER Non mi posso immischiare. C'è un segreto e devo rispettarlo.

La donna sospira profondamente e annuisce.

DONNA Lo so.

HELLINGER Certo che lo sai. Però non voglio saperlo. Non devo saperlo. Anche tua figlia lo sa. O quanto meno lo percepisce.

La donna continua a respirare profondamente e annuisce.

HELLINGER *dopo un po'* Puoi fare un esercizio con tua figlia. La mattina, prima che inizi la scuola, dille: "Ti puoi fidare, oggi resto". Diglielo prima che vada a scuola. Il giorno dopo ripeti: "Oggi resto. Vai pure a scuola".

La donna ride sollevata.

HELLINGER Okay?

DONNA Grazie.

HELLINGER *al gruppo* Sembra un problema è invece c'è solo amore. La bambina è piena d'amore.

Entrambi i genitori

Ogni bambino ha due genitori. Ha sempre bisogno di entrambi. Un bambino deve poter amare entrambi i genitori. Egli non capisce perché i genitori si separano. Li ama tutti e due allo stesso modo. Tuttavia talvolta quando i genitori si separano e il bambino resta con la madre, dipende da lei sotto tutti i punti di vista. Talvolta ha paura di dimostrare che ama il padre quanto la madre. Ha paura che sua madre si arrabbi e teme di perderla come ha perduto il padre. Ma in segreto continua ad amare suo padre. Se sente la madre dire di avere amato molto il padre, anche lui può mostrarle di amarlo. In questo modo il bambino si sente sollevato.

Il movimento di avvicinamento interrotto

Un trauma particolarmente ricorrente nell'infanzia è il movimento di avvicinamento verso la madre o il padre, ma generalmente verso la madre, interrotto troppo presto. Se l'amore non riesce a raggiungere il proprio obiettivo, il bambino diventa triste o arrabbiato, talvolta perfino disperato. Questa rabbia, questa disperazione o questa tristezza rappresentano l'altra faccia dell'amore, un amore che non è riuscito a raggiungere il proprio obiettivo.

Quando questi bambini si avvicinano da adulti a un'altra persona, nel loro corpo si risveglia il ricordo di quest'interruzione e il movimento d'avvicinamento verso l'altra persona cessa. Non riescono a portare l'amore a destinazione e finiscono quindi per muoversi in cerchio. Ogni volta che giungono al punto di rivivere i sentimenti provati in precedenza, si bloccano. Invece di rimettersi in movimento, distolgono lo sguardo e si muovono in cerchio, allontanandosi e ritornando al punto in cui è avvenuta l'interruzione. Nel rapporto successivo e con un'altra persona il cerchio ricomincia da capo, ma anche questa volta fino al punto di cui vi ho parlato. Questo movimento circolare, che riconduce sempre allo stesso punto, senza riuscire ad andare avanti, descrive ciò che viene definito nevrosi. Si tratta di un movimento circolare che riconduce sempre al punto in cui il movimento di avvicinamento è stato interrotto.

Come condurre a destinazione il movimento di avvicinamento interrotto

Attraverso i genitori

La persona più adatta a portare a destinazione un movimento d'avvicinamento del bambino interrotto prematuramente è la madre. Infatti, il movimento d'avvicinamento interrotto è generalmente destinato a lei. Nei bambini piccoli la madre riesce abbastanza facilmente a permettere il compimento del movimento. Basta abbracciare il bambino, stringerlo con amore e tenerlo stretto finché l'amore, che si è trasformato in rabbia e dolore a causa dell'interruzione del movimento, fluisce di nuovo come amore e desiderio nei confronti della madre e il bambino si rilassa fra le sue braccia.

La madre può aiutare anche un figlio adulto a completare il movimento d'avvicinamento interrotto e ad annullare gli effetti dell'interruzione abbracciandolo. In questo caso l'abbraccio deve avvenire ritornando indietro al momento dell'interruzione. Il movimento d'avvicinamento deve essere portato a termine là dove è stato interrotto. È, infatti, il bambino di allora che vuole raggiungere la madre di allora. Per questo durante l'abbraccio madre e figlio devono sentirsi come la madre e il figlio di allora. La domanda è: come possono riunirsi due persone rimaste separate così a lungo?

A tale proposito riporto un esempio: una madre era preoccupata per la figlia adulta. Quest'ultima evitava la madre e andava raramente a trovarla. Dissi alla donna che doveva abbracciare la figlia come una madre che tiene stretta una bambina triste. Le suggerii di non fare nulla, ma di lasciare semplicemente agire quest'immagine nella sua anima finché tutto si compia senza alcun intervento. Un anno dopo mi raccontò che la figlia era tornata a casa, l'aveva abbracciata senza dire nulla e lei aveva ricambiato l'abbraccio con profonda commozione. Poi la figlia se n'era andata. Nessuna delle due aveva detto nulla.

Attraverso i rappresentanti dei genitori

Se la madre e il padre non sono presenti, possono essere rappresentati da altre persone.

Nel caso di bambini piccoli si possono scegliere parenti o educatori, nel caso degli adulti forse uno psicoterapeuta esperto. Il facilitatore o terapeuta deve tuttavia attendere il momento giusto. Si mette in collegamento interiormente con la madre o il padre del bambino. Agisce solo in qualità di rappresentante come se fosse stato incaricato dai genitori. Ama il bambino al posto dei genitori e conduce l'amore del bambino, apparentemente diretto a lui, verso i genitori. Non appena il bambino è giunto dai suoi genitori, il facilitatore si ritrae. Riesce a mantenere una certa distanza nonostante l'intimità e resta interiormente libero.

L'inchino profondo
Talvolta il figlio adulto non riesce a portare a termine il movimento d'avvicinamento perché disprezza i genitori, li accusa, si sente e vuole essere migliore di loro, ma anche perché pretende da loro qualcosa di diverso. In questo caso il movimento d'avvicinamento deve essere preceduto da un inchino profondo.

Esso rappresenta principalmente un'azione interiore, che però acquisisce profondità e forza se diviene visibile e udibile. Quando ad esempio in un gruppo di addetti ai lavori è rappresentata la famiglia d'origine del "bambino" e quest'ultimo s'inchina fino a terra di fronte ai rappresentanti dei suoi genitori allungando le braccia verso l'alto e mantenendo questa posizione finché non è disposto a dire a uno di loro o a entrambi: *"Ti - vi rispetto"*. Talvolta aggiunge: *"Mi dispiace"* oppure *"Non lo sapevo"* o ancora *"Mi siete mancati molto"* o semplicemente *"Vi prego!"*. Solo in questo caso il bambino può alzarsi, avvicinarsi con amore ai propri genitori, abbracciarli intimamente e dire: *"Cara mamma"*, *"Cara mami"*, *"Caro papà"*, *"Caro papi"*, o semplicemente *"Mamma"*, *"Mami"*, *"Papà"*, *"Papi"*, o qualunque nomignolo abbia attribuito ai genitori da piccolo.

L'importante è che i rappresentanti dei genitori restino in silenzio e, soprattutto, che non si avvicinino al bambino mentre s'inchina, ma che accolgano questa manifestazione di rispetto al posto dei genitori finché ciò che li separava non svanisce. È solo al momento dell'abbraccio che anch'essi gli vanno incontro a braccia aperte.

Se durante una rappresentazione la persona interessata non è in grado di inchinarsi e di compiere il movimento d'avvicinamento, può essere rappresentato anche in questo gesto dal rappresentante, che agisce e pronuncia le frasi appropriate al suo posto. Talvolta può essere perfino più efficace rispetto agli stessi gesti compiuti dall'interessato.

Il movimento di avvicinamento al di là dei genitori
Il movimento d'avvicinamento e l'inchino nei confronti dei genitori funzionano solo se vanno al di là di questi ultimi. Se l'inchino funziona, lo percepiamo come l'accettazione delle nostre origini e delle loro conseguenze, ma anche come profondo compimento del nostro destino. Chi riesce a compiere il movimento d'avvicinamento e l'inchino consapevole del loro profondo significato, può stare eretto con dignità vicino ai propri genitori, allo loro stessa altezza, né più in alto né più in basso.

Aiutare i bambini con le favole

Spesso i bambini sono coscienti di cosa hanno bisogno, ma non vogliono sentirselo dire. Deve scaturire da una consapevolezza interiore. In questo caso si raccontano loro delle fiabe, che li aiutano a superare una difficoltà. La fiaba va raccontata in modo da creare un legame d'amore con la prospettiva positiva del bambino, come con un confidente.

È necessario fare attenzione a un altro aspetto. L'inconscio non conosce rifiuto. Se ad esempio i genitori dicono al figlio: "Sta attento a non cadere!", l'anima sente: "Sta attento che cadi!" L'anima non sente il non. È dunque utile formulare le frasi in forma affermativa, senza il "non". Ad esempio: "Mi raccomando bada a te stesso!", "Arriva a scuola sano e salvo!", "Fai attenzione quando usi il coltello!". È quindi importante formulare in forma affermativa le frasi pronunciate dal bambino in una storia.

Il rubinetto perde

A volte i genitori hanno problemi perché i loro figli già grandi bagnano il letto. A questi bambini è possibile raccontare storie in cui si inseriscono alcune scenette, come ad esempio chiudere un rubinetto o riparare una grondaia.

Cappuccetto Rosso, ad esempio, arriva dalla nonna, sta per entrare dalla porta e si accorge che la grondaia perde. Dice tra se: "Prima di tutto devo ripararla". Si reca nella rimessa, prende della pece, sale su una scala e ripara la grondaia per non bagnare l'ingresso, poi entra nella casa della nonna.

Oppure una mattina un nano si lamenta con Biancaneve che durante la notte è entrata dell'acqua dal tetto e quando si è svegliato ha trovato il letto bagnato fradicio. Biancaneve dice: "Lo aggiusto subito". Mentre i nani sono al lavoro, si arrampica, si accorge che una tegola si è spostata e la rimette a posto. Quando il nano ritorna a casa la sera è talmente stanco da dimenticarsi di chiedere del tetto. Se ne è dimenticato anche il mattino seguente, perché era tutto a posto.

Un padre ha raccontato alla sera queste favole alla figlia che bagnava il letto e i risultati sono stati immediati. La mattina dopo il letto era asciutto. C'è stato però anche un altro effetto sorprendente.

La bambina stava sempre molto attenta che le storie fossero raccontate sempre esattamente allo stesso modo, senza aggiungere o tralasciare nulla. In questo caso non ha protestato per le differenze nel racconto, ma le ha accettate come naturali. Ciò dimostra che l'anima cosciente del bambino si allea con l'adulto. L'anima vuole trovare una soluzione senza menzionarla apertamente, in modo che il bambino possa fare qualcosa di nuovo grazie alla comprensione e all'incoraggiamento.

Ovviamente la bambina si è resa conto di ciò che il padre le ha detto, altrimenti le sue parole non avrebbero sortito alcun effetto. Non chiamando il problema per nome, il padre rispetta il pudore della figlia. L'essere trattata con tanta delicatezza la fa sentire rispettata e quindi le consente di reagire.

La bambina sa di bagnare il letto, non è necessario dirglielo. E sa anche che non deve farlo. Fornendo un consiglio o mettendola di fronte al proprio problema, la bambina si sente inferiore. Seguendo il consiglio, aumenta l'amor proprio dei genitori e riduce il proprio. Per proteggersi dalla perdita di amor proprio, rifiuta il consiglio. La bambina non può seguire il suggerimento dei genitori senza perdere la propria dignità, che costituisce il bene più prezioso per l'uomo, anche per un bambino. Egli segue volentieri un consiglio solo se viene dato con amore.

L'addio

Ciò che spesso ci ostacola nel presente è il legame a un particolare aspetto dell'infanzia. Ci portiamo appresso costantemente tutte le diverse fasi del nostro sviluppo. Quindi accanto a me cammina il bambino, di due, cinque, dieci e quattordici anni che sono stato. Andiamo in giro per il mondo come una moltitudine di noi. Lo capite? Ognuno è un gruppo di se stessi.

Spesso ciò che ci portiamo dietro è un peso. Il passaggio da uno all'altro avviene solo se il precedente può restare indietro. Solo così il passaggio funziona.

Entrando dalla porta, ciò che rimane fuori resta fuori. A meno che non lo portiamo con noi. In questo caso è difficile lasciarci alle spalle ciò che deve rimanere indietro.

C'è una storia biblica che parla di un certo Giacobbe. Egli si aggirò per tutta la mattina con un angelo lungo il fiume Jabbok. Poi venne il momento di lasciarsi. Giacobbe disse all'angelo: "Non ti lascio finché non mi avrai benedetto".

Lo stesso accade alle diverse fasi della nostra vita. Il bambino piccolo ci lascia andare solo dopo averci benedetto e se siamo aperti alla sua benedizione. Ciò vale per tutte le età, in particolare per il bambino piccolo.

Ciò che ci rende felici

Cosa rende le persone felici?

Bella domanda. Chi è più felice? Quando siamo stati più felici? La persona più felice è un bambino attaccato al seno della madre. Esiste qualcosa di più felice di questo rapporto così intimo? Ciò vale ancora oggi. Ciò che ci rende più felici è il rapporto con nostra madre - e poi con nostro padre. Nel corso della vita può essersi frapposto qualcosa che ci ha allontanati da nostra madre. In questo caso siamo vuoti. Senza madre siamo vuoti. Manca qualcosa.

Il sentimento di base

Molti anni fa sono stato ospite per quattro settimane presso una coppia di colleghi come terapeuta ospite. Il conduttore disse al gruppo che ogni uomo ha un sentimento di base verso cui si ritrae sempre in quanto è il luogo in cui si sente meno stressato. Ognuno può verificare dentro di sé questo sentimento di base. Immaginiamo ad esempio una scala da meno cento a più cento. L'uomo sosteneva che il sentimento di base non può mai essere cambiato, vi si fa sempre ritorno.

Verifichiamo in noi stessi: dove ci troviamo su questa scala da meno a più cento? Ci troviamo nella zona negativa e in quale posizione o in quella positiva e dove? Ognuno se ne rende conto immediatamente. Ve ne rendete conto immediatamente anche quando guardate gli altri. Si nota subito dove una persona è posizionata nella sua scala della felicità.

Il conduttore del gruppo ha dunque affermato che il sentimento di base non si può cambiare. Una delle mie belle scoperte è stata invece che è possibile modificarlo. L'ho fatto in me stesso. È allora che me ne sono reso conto.

Durante un seminario di terapia familiare il terapeuta ha lavorato su di me. Si chiama Les Kadis. Tutto d'un tratto, con il suo aiuto, mi sono reso conto di tutto ciò che mia madre aveva fatto per me. Ero sconvolto da tutto ciò che mia madre aveva fatto per me. È stata sempre presente. Ed era una donna coraggiosa. Nemmeno il nazionalsocialismo è riuscito a indurla a fare qualcosa che non condivideva. Quando mi negarono il diploma di maturità con l'accusa di essere un potenziale nemico del popolo, andò dal preside della scuola e lottò per me come una leonessa. Alla fine mi diedero il diploma. A quel tempo ero già entrato a far parte dell'esercito da un anno.

Dunque mi sono reso conto improvvisamente di che donna speciale fosse mia madre. Tutto d'un tratto l'ho accolta nel mio cuore, esattamente così com'era. Nel frattempo mi sono reso conto che il mio sentimento di base saliva di 75 punti in una sola volta. 75 punti. Quindi il legame con la madre crea felicità. Rende gli uomini felici.

La felicità nel rapporto di coppia

Dove la maggior parte di noi sogna di essere felice? Nel rapporto di coppia naturalmente. Anche qui ho fatto una scoperta particolare. Ve la devo raccontare? Se entrambi i partner mantengono un legame con la madre, sono felici.

Alcuni di noi si sentono soli. Alcune donne sono sole, alcuni uomini sono soli. Ho riassunto la mia scoperta in una frase: senza madre, nessun partner. Alcune donne dicono: "Ora voglio proprio trovare un uomo". Non è così che funziona. Prima bisogna accettare la propria madre, poi si può trovare un uomo. Senza madre, nessun uomo. Lo stesso vale naturalmente anche per l'uomo. Senza madre, nessuna donna. In questo caso non ne sono tanto sicuro, alcune donne vogliono prendere il posto della madre e rendere felice l'uomo in questo modo. Ma sappiamo come va a finire.

Dunque la prima via verso la felicità è restare legati alla nostre radici e da lì espanderci ed essere felici.

L'attimo

Desidero aggiungere qualcosa a proposito della felicità. Qual è il segreto della felicità? Quando la felicità trova il suo compimento? Nell'attimo. Tutta la felicità è nell'attimo. Cosa ostacola la felicità? Allontanarsi dall'attimo. Guardando indietro o avanti e dimenticando così l'attimo. E con l'attimo si dimentica anche la felicità del momento. Restare nell'attimo è una disciplina in cui dobbiamo esercitarci.

Tutta la vita è nell'attimo, solo nell'attimo. Nell'attimo è completamente presente. La vita si realizza nell'attimo, adesso. Apriamo il nostro cuore per quest'attimo, gioiamo in quest'attimo, grati per quest'attimo.

Nell'attimo non vi è alcun dispiacere e nessuna paura. Tutta la paura è rivolta al futuro. Tutto il dispiacere nasce dal passato. Nell'attimo siamo privi di dispiacere e di paura.

Perché i bambini sono spesso felici? Perché vivono l'attimo.

Desidero aggiungere ancora qualcosa in merito all'attimo. Vivere da un attimo all'altro significa anche morire da un attimo all'altro. In ogni momento si lascia indietro il passato.

Esempio: il lavoro

UOMO Si tratta di una questione di lavoro.

HELLINGER I problemi di lavoro sono facili da risolvere.

Hellinger dispone nel campo l'uomo e di fronte a lui una rappresentante del lavoro. Il lavoro fa un passo indietro e si volta.

HELLINGER Nessuna meraviglia che non trovi lavoro. Non le piaci. Al lavoro non piaci. È arrabbiato con te perché non lo rispetti. Il lavoro fugge da te. Tuttavia non dipende da lui. Chi era dunque il lavoro?

UOMO Era qualcosa di molto lontano da me. Non c'era alcun movimento in quella direzione.

HELLINGER Chi rappresentava il lavoro? - Tua madre. Senza madre, niente lavoro. Cosa le hai fatto?

UOMO In questo momento sento che se n'è andata.

HELLINGER La mia domanda era molto concreta.

UOMO Me ne sono andato.

HELLINGER Cosa intendi?

UOMO Ho pochi contatti con lei. Me ne sono andato.

HELLINGER Cosa le hai fatto?

UOMO Le ho voltato le spalle.

HELLINGER *al gruppo* Credo che resterà disoccupato. Non c'è niente da fare. Senza madre, niente lavoro. Chi si allontana dalla madre, si allontana dal lavoro - e il lavoro da lui.
All'uomo Le hai fatto qualcosa che l'ha fatta soffrire. Chiudi gli occhi.

L'uomo si copre il viso con le mani e inizia a singhiozzare forte.

HELLINGER *dopo un po'* Tua madre è ancora viva?

UOMO Sì. Mio padre invece è morto.

HELLINGER Quindi hai ancora una possibilità. Ora sei entrato in contatto con lei, bene, molto bene. Ti faccio un paio di proposte concrete. Scrivile una lettera. Poi ripensa alla tua infanzia, alla tua nascita e guarda tutto ciò che ha fatto per te, tutto il tempo. Scriviglielo e dille che hai accolto tutto nel tuo cuore. Accogli nel tuo cuore tutto ciò che ti ha donato.

L'uomo annuisce.

HELLINGER Esattamente. Poi alla fine della lettera aggiungi: se avrai bisogno di me, io ci sarò.

L'uomo è molto commosso.

HELLINGER Fra poco troverai lavoro.
Al gruppo Ora è felice. Bene. Le mamme rendono felici, nessun dubbio in proposito.
All'uomo Okay, interrompiamo qui.

Accettare completamente i genitori

HELLINGER *al gruppo* Desidero aggiungere qualcosa in proposito.

Talvolta guardiamo nostra madre e nostro padre e pensiamo: qualcosa non è andato per il verso giusto. Non erano completi.

Alcuni hanno delle aspettative proprio strane nei confronti dei genitori, come se dovessero essere come Dio. Non proprio come Lui, un po' meglio.

È terribile ciò che facciamo ai nostri genitori con queste aspettative. Crediamo anche di avere il diritto di chiedere loro perché non sono stati come Dio. Tuttavia è proprio grazie alla loro normalità e ai loro difetti, quasi gli stessi che abbiamo noi, che siamo cresciuti e siamo in grado di affrontare la vita. È solo grazie alla normalità dei nostri genitori e ai loro difetti che siamo in grado di affrontare la vita.

Ho vissuto personalmente una strana esperienza. Vi ho già raccontato di come il mio sentimento di base sia giunto a un livello molto elevato. Ho accolto mia madre nel mio cuore - completamente. La cosa strana è stata che tutto ciò che a mio avviso avrebbe potuto essere migliore è rimasto fuori. Veramente strano. Se accogliamo nostra madre e nostro padre nel cuore così come sono, restano completamente in noi senza tutto ciò che ci verrebbe la tentazione di criticare. È una bella esperienza. Esprimere quest'idea è d'aiuto anche ad altri.

Felicità attraverso la benevolenza per tutti

Cosa rende le persone felici? Cosa mi rende felice? Come divento felice? Quando sono aperto allo stesso modo verso tutti. Essere aperti verso gli altri non significa amarli emotivamente. Significa essere aperti con rispetto e con amore spirituale. Significa essere aperti ad assecondare un movimento creatore che agisce dietro a ogni cosa e che è aperto allo stesso modo verso tutti. Non riesco a immaginarlo diversamente.

Se mi chiudo nei confronti di qualcuno perdo la felicità. Come avviene l'esclusione di un'altra persona? Sentendosi migliore. Tutti coloro che si sentono migliori escludono qualcuno. Tutti coloro che giudicano negativamente qualcuno lo escludono. Questa arroganza è dettata dalla morale. Questa arroganza si spinge fino al punto che coloro che si sentono superiori affermano: "Quello può vivere e quell'altro no". Non è terribile quest'arroganza che sta dietro alla morale? Questi moralisti però non sono felici. Non lo sono certamente.

La felicità viene dall'attenzione. Si tratta di un compito e di un esercizio che dura tutta la vita. Anzi è il compito più importante nella nostra vita. In fondo si tratta solo di benevolenza nei confronti di tutti. Volere bene a ogni persona.

Possiamo sentire cos'accade in noi quando ci esercitiamo in questo compito. Forse ci può essere qualcuno con cui siamo arrabbiati. Guardiamolo e diciamogli: "Ti voglio bene - sotto tutti i punti di vista".

La benevolenza rende felici. Al contrario la malevolenza rende infelici, non solo l'altro, ma anche noi stessi.

È possibile percepire la benevolenza dentro di sé e rinnovarla. Lo faccio spesso. Ho notato che quando divento inquieto o mi arrabbio non sono più in contatto con la mia anima e con il mio cuore. Così la sera mi siedo - se non riesco alla sera lo faccio il mattino dopo - e mi chiedo: "A chi ho negato la mia benevolenza?" Tutto d'un tratto vedo queste persone dentro di me. Mi rivolgo a loro con benevolenza, semplicemente così, senza giudicarli, solo con benevolenza. E mi tranquillizzo. Questo è un altro modo per essere felici: felici attraverso la benevolenza.

Felicità e infelicità

Non appena lasciamo in pace nel presente coloro che appartengono al passato, se non ci facciamo carico più di nulla che spetta a loro e lasciamo loro percorrere la loro strada, trovano pace. È controproducente pensare di dover fare ancora qualcosa per i morti. Come ad esempio vendicarli, farsi carico di qualcosa al loro posto o compensare. In questo modo s'immischiano in qualcosa che non li riguarda. Questa è una delle cause dell'infelicità. Forse è meglio che spieghi un po' più in dettaglio ciò che agisce in questi casi.

La felicità dell'appartenenza

Una delle mie prospettive fondamentali riguarda il funzionamento della coscienza. Ho riportato per così dire la coscienza dal cielo sulla terra. Tutto d'un tratto mi sono reso conto che la coscienza è un impulso, non qualcosa di spirituale. Anche un cane ha una coscienza. Avete notato che talvolta anche i cani hanno una cattiva coscienza? Quindi la coscienza è qualcosa d'istintivo. La si trova solo in gruppi o branchi. Quando un appartenente al branco ha fatto qualcosa che potrebbe causare la sua esclusione dal branco, ha una cattiva coscienza. Modifica il proprio comportamento per poter di nuovo appartenere al branco.

La coscienza ci lega al gruppo che determina la nostra sopravvivenza. Ci lega in particolare a questo gruppo, ma anche ad altri gruppi con cui desideriamo creare un legame.

La coscienza è un organo percettivo istintivo. La si può paragonare al senso dell'equilibrio. Anch'esso è un organo percettivo istintivo che ci aiuta a stabilire se siamo in equilibrio. Allo stesso modo la coscienza ci consente di percepire se godiamo ancora del diritto d'appartenenza. Non appena facciamo qualcosa che ci esclude, abbiamo una cattiva coscienza. Di conseguenza modifichiamo il nostro comportamento per garantirci nuovamente il diritto d'appartenenza. Se possiamo appartenere al gruppo siamo felici e ci sentiamo innocenti. Il profondo desiderio di ogni uomo è poter appartenere al proprio gruppo. Per questo non esiste peggiore infelicità che l'esclusione.

Come puniamo i criminali? Naturalmente con l'esclusione. Li rinchiudiamo in prigione o li uccidiamo. L'esclusione è la cosa peggiore che ci possa accadere. Al contrario il bene più prezioso è l'appartenenza. La coscienza ci aiuta a capire cos'è bene per il gruppo e cosa, al contrario, lo danneggia.

La felicità cieca

Desidero spiegare più ampiamente questo concetto. Un bambino fa di tutto per garantirsi il diritto d'appartenenza. Essa è più importante della sua felicità e della sua stessa vita. Per l'appartenenza molti sacrificano la propria vita. Ad esempio i soldati e molte persone che si dedicano agli altri. Sono pronti a sacrificare la propria vita per la società, ma in realtà lo fanno per l'appartenenza. Quando una persona è particolarmente rispettata? Quando a costo della propria vita fa qualcosa per il gruppo a cui appartiene.

Talvolta per garantirsi l'appartenenza alcuni pronunciano delle frasi dentro di sé: ad esempio dicono alla madre, al padre o a un fratello morti: "Vengo con te". Dietro a queste frasi agisce un amore molto profondo. Tuttavia è un amore che conduce alla morte. Oppure quando un bambino si rende conto che sua madre o suo padre vogliono morire dice dentro di sé: "Io al posto tuo". E poi magari muore o si ammala. Lo vediamo ad esempio nel caso dell'anoressia. L'anoressica dice nel proprio cuore: "Preferisco scomparire io piuttosto che tu". Chi? "Caro papà". È questo che dice in genere. Generalmente lo fa per il padre. Questo è amore. Esso scaturisce dalla coscienza.

Quando questi bambini o adulti muoiono, hanno tutti una buona coscienza. Si sentono innocenti e sono anche felici! E che felicità per coloro a cui sono dirette le parole: "Meglio io piuttosto che tu!". Come si sente il padre quando la figlia gli dice interiormente: "Muoio al tuo posto"? È felice?

È un bisogno che scaturisce dalla coscienza. Da una parte ci rende felici, dall'altra non è in armonia con la vita. La vera felicità è in armonia con la vita.

La felicità è più della sensazione di essere innocenti

Accade però, e questa è un'altra prospettiva fondamentale, che vi siano due coscienze, una coscienza evidente e una coscienza nascosta. Questa seconda coscienza è inconscia nella nostra cultura. Si tratta di una coscienza arcaica. È la coscienza più antica, deriva dalla coscienza morale che percepiamo. Si tratta di una coscienza di gruppo. Fa in modo che vengano rispettate determinate regole all'interno del gruppo. La prima regola è: questa coscienza non tollera alcuna esclusione.

La coscienza morale ci induce a escludere delle persone facendoci sentire migliori di loro. Con quest'altra coscienza ciò non accade. Tutti quelli che appartengono al gruppo godono dello stesso diritto d'appartenenza. Si tratta di una legge inviolabile.

Ora immaginate le tribù dell'antichità, le persone che ci vivevano. Potevano escludere qualcuno? Era una cosa possibile? La coscienza teneva tutti uniti. Nessuno poteva essere escluso. Sarebbe stata la cosa peggiore che poteva accadere. Non ci pensavano nemmeno. Tutti appartenevano alla tribù.

Esistono ancora gruppi originari. Essi dimostrano che questa coscienza originaria è capace di tutto. Qualche tempo fa parlai con un capo indiano in Canada. Mi disse che nella sua lingua non esisteva la parola giustizia. Essi non hanno una coscienza nel senso comune del termine. Questa coscienza pretenderebbe immediatamente giustizia. Essi sono in armonia con la coscienza originaria. Chiesi al capo: "Cosa fate dunque con un assassino?" Mi rispose: "Viene adottato dalla famiglia della vittima". Non esiste dunque alcuna esclusione. In questa cultura non esiste l'esclusione. Tutti sono in armonia con la coscienza arcaica.

Questa coscienza agisce anche dentro di noi, ma quasi del tutto inconsciamente. Come agisce? Se escludo qualcuno dal mio cuore, divento come lui, esattamente come lui.

Un'altra cosa. In seguito un altro membro del gruppo deve rappresentare la persona esclusa senza rendersene conto attraverso l'identificazione. Si tratta di un irretimento. Deriva dalla coscienza arcaica.

Quest'ultima segue una seconda regola di base: tutti quelli che entrano a far parte del gruppo in un secondo tempo, vengono dopo sotto tutti i punti di vista. Quindi: tutti quelli che sono entrati a far parte del gruppo prima hanno la precedenza rispetto a quelli che si sono aggiunti successivamente. Nessuno di quelli che sono arrivati dopo può farsi carico di qualcosa al posto di chi faceva già parte del gruppo. Qualsiasi violazione di questa regola è punita severamente, con l'infelicità. La violazione di questa regola conduce all'infelicità.

Se qualcuno dice: "Ti seguo", viola questa regola. Se una persona afferma: "Me ne faccio carico al posto tuo", viola questa regola. Tuttavia la viola con una buona coscienza. È questa la cosa strana, infatti, le due coscienze si contrappongono.

Come raggiungiamo la felicità? Dando la precedenza alla coscienza arcaica. Ciò significa rinunciare all'innocenza di fronte alla coscienza morale. Quest'altra coscienza pretende di più. Ci lega a molte più persone.

Tragedie

Tutte le tragedie e le tragedie familiari derivano dal fatto che una persona nata dopo e dotata di buona coscienza si fa carico di qualcosa al posto di chi è nato prima.

Ad esempio vendicandolo o facendosi carico di qualcosa al

suo posto. Tutte le tragedie finiscono con la caduta dell'eroe, anche se aveva una buona coscienza e ha agito per amore.

Quindi la felicità è qualcosa di più della sensazione di essere innocenti. Molto di più. E si tratta di un compito. Un compito dell'anima - grazie alla prospettiva.

Fluttuare con l'altro

Talvolta possiamo aiutare qualcuno con un'unica frase. Come si può fare una cosa del genere? A tale proposito utilizzo un'immagine.

Immaginiamo una coppia. L'uomo con la donna al proprio fianco. Entrambi fluttuano secondo una determinata tonalità, la loro. Ognuno ha la propria. Anche se sono diverse, fluttuano insieme. Questo è un rapporto in armonia. Accade però qualcos'altro nell'anima. Se mantengono sempre la stessa tonalità, non è sufficiente. Ognuno sale anche alla tonalità superiore. Più la tonalità sale, più sono simili fra loro. In questo modo raggiungono un livello spirituale in cui fluttuano insieme. Chi desidera può verificarlo in se stesso.

I genitori possono fare la stessa cosa con i figli. Ogni bambino ha una propria tonalità. I genitori fluttuano con la sua tonalità e con quelle superiori. Tutto d'un tratto genitori e figli fluttuano insieme alla stessa tonalità.

Bisogna considerare un altro aspetto. Esistono anche tonalità più basse, che vanno in profondità. Non è verificabile dal punto di vista matematico. Si tratta solo di un'immagine. Ma l'anima lo sente. Anche in profondità possiamo fluttuare insieme ad altre persone.

Perché ve l'ho raccontato? Innanzi tutto perché rende felici immedesimarsi. Tuttavia se qualcuno viene da me e mi chiede aiuto per risolvere un problema, fluttuo insieme a lui, alla sua tonalità. Non alla stessa tonalità, ma a quella superiore dove tutto d'un tratto iniziamo a fluttuare insieme. Poi entra in gioco qualcosa di spirituale. Fluttuando insieme a lui capisco immediatamente cosa fare per giungere a una soluzione. Spesso si tratta solo di una frase, a volte addirittura solo una parola. È tutto ciò che serve.

Questo modo di aiutare e di dare consigli di vita rappresenta la massima intensità di questo lavoro. È pieno d'attenzione e rispetto senza creare un legame. Ognuno resta con se stesso nel proprio campo, ma è stato possibile fluttuare brevemente insieme.

La forza primordiale

Nel suo *Libro delle ore* Rilke scrive in una breve poesia: "La vita è un dono". La vita è un dono: la mia vita è un dono, la vita del mio partner è un dono, la vita dei miei genitori è un dono, la vita dei miei figli è un dono, qualsiasi vita in natura è un dono. Cosa significa?

Dietro la nostra vita agisce una forza primordiale, una ragione originaria e una fonte originaria di vita, che agisce e soffre allo stesso modo in qualsiasi vita. Quindi quando il partner soffre, in lui soffre una forza superiore. Possiamo dire anche: in lui soffre Dio. In tutte le creature sofferenti soffre anche Dio.

Lo stesso vale anche al contrario. Quando qualcuno appare distruttivo, un assassino ad esempio, i soldati in guerra o una banda: chi agisce in questo caso? Sono loro ad agire? Oppure è Dio ad agire attraverso di loro? Ci ribelliamo contro quest'idea. Ma ne abbiamo il diritto? Esiste un altro pensiero che si avvicina e rispecchia maggiormente questa realtà? E che effetto ha accettare quest'idea: Dio soffre e agisce in tutti allo stesso modo? La combinazione fra distruzione e creazione, entrambe, fra malattia e guarigione o fra distruzione e progresso, l'incredibile alternanza che si manifesta in tutto: si tratta di un movimento divino. La combinazione fra dolore e felicità, fra distruzione e creazione e fra vita e morte è un'alternanza divina. È la stessa forza che agisce in entrambe. È quest'alternanza che porta avanti il mondo. La forza creatrice scaturisce da questi conflitti in cui si alternano sconfitte e vittorie, entrambe. È questo che manda avanti il mondo.

La calma

Durante queste osservazioni dobbiamo dimenticarci completamente di noi stessi, dobbiamo smettere di pensare di essere importanti come singoli individui, non dobbiamo credere che il nostro dolore sia importante o che la nostra tristezza o felicità siano significative. O che il nostro successo, la nostra vita o la nostra morte siano importanti. In una sua poesia Rilke afferma quanto segue in proposito:

C'è uno che prende tutti nella mano
così che come sabbia tra le dita scorrono.
Sceglie tra le regine le più belle,
fa che siano scolpite in marmo bianco,
distese in pace nella melodia del manto;
e pone i re accanto alle loro mogli,
effigiati nella stessa pietra.

C'è uno che prende tutti nella mano
così come lame difettose si spezzano.
Non è un estraneo: abita nel sangue
che è la nostra vita e romba e posa.
Non posso credere che sia ingiusto;
ma odo molta gente dirne male.

Tutto d'un tratto ci sentiamo incredibilmente calmi. Guardiamo tutto così com'è e lo accettiamo. Questa calma ci consente di essere in armonia con questo movimento, così com'è. È così che qualcosa di buono accade in noi. Non qualcosa di normale, ma qualcosa di grande: l'armonia con il tutto così com'è. In quest'armonia possiamo incontrare un'altra persona così com'è, esattamente così com'è. Perché solo così com'è il divino può agire in lui. In nessun altro modo, solo così com'è. Accettare una persona così com'è, con il suo dolore e la sua felicità, la sua vita e la sua morte, ci consente di essere in armonia con i movimenti più grandi. Non guardiamo più noi stessi. Che senso ha l'io in questo contesto? È così che veniamo guidati da qualcosa d'infinito.

Le costellazioni familiari

Il futuro delle costellazioni familiari

Ciò che all'inizio dello sviluppo delle costellazioni familiari appariva estremamente semplice, si è addentrato ormai in dimensioni che costituiscono una sfida imprevista. Si tratta di dimensioni spirituali che s'impongono con una forza che alcuni trovano spaventosa. Preferiscono restare ancorati agli albori delle costellazioni, ritornare addirittura indietro abbinando o addirittura subordinando le costellazioni ad altre metodologie.

Per molti è stato uno shock constatare che nella maggior parte dei casi non è nemmeno necessaria una rappresentazione tradizionale. Anzi, talvolta la rappresentazione ostacola una soluzione che agisce in profondità.

Gli inizi

Sto parlando di rappresentazioni in cui il cliente sceglie all'interno di un gruppo dei rappresentanti per i membri della sua famiglia e li mette in relazione nel campo. Successivamente viene chiesto ai rappresentanti come si sentono nel posto che occupano. Le loro risposte forniscono suggerimenti sui eventuali cambiamenti o aggiunte. La soluzione si manifesta quando tutti si sentono bene al loro posto.

Queste rappresentazioni hanno consentito di comprendere profondamente gli ordini dell'amore nei rapporti umani. Queste prospettive hanno un impatto molto forte. Hanno portato alla luce nuove possibilità, prima inaccessibili, di aiutare chi ne ha bisogno.

La coscienza

Tuttavia la prospettiva determinante, quella che ha capovolto tutto, non viene dalle costellazioni familiari. Ha però indicato una direzione nella quale le costellazioni stanno continuando a evolversi e la cui fine non è ancora prevedibile. Si tratta di una prospettiva spirituale. Ci è donata sulla strada spirituale verso la conoscenza. Si tratta della prospettiva sugli effetti della coscienza. Non solo della coscienza evidente, che percepiamo come buona o cattiva coscienza, ma una coscienza finora pressoché inconscia, che segue altre leggi rispetto alla coscienza consapevole.

Il campo della coscienza

È questa prospettiva ad avere aperto alle costellazioni familiari le porte verso quel campo di coscienza che lega tutti i membri di una famiglia, che trasforma ognuno nel destino dell'altro. Famiglia è inteso qui in senso molto ampio e comprende anche coloro che non sono parenti di sangue, ma i cui destini agiscono all'interno della famiglia.

Questo campo di coscienza, se lasciato a se stesso, resiste a qualsiasi cambiamento. Per questo ad esempio qualcosa che resta irrisolto si ripete in modo analogo nella generazione successiva. Ciò che rimane irrisolto lega i membri della famiglia infondendo loro sicurezza. Si tratta della sicurezza dell'appartenenza.

Cos'è esattamente che tiene unito questo campo di coscienza e che causa il ripetersi di ciò che resta irrisolto? È la coscienza.

I movimenti dell'anima

Grazie a un nuovo modo di rappresentare le costellazioni familiari è venuta alla luce un'altra dimensione di questo campo di coscienza. Il procedimento è molto semplice. Invece di rappresentare una famiglia nel senso comune del termine, erano rappresentate solo una o due persone, il cliente o un suo rappresentante e le persone con cui è in conflitto, che ad esempio ha rifiutato. Tutto d'un tratto il cliente e gli altri rappresentanti erano coinvolti in un movimento interiore, senza alcuna possibilità di opporsi. Questo movimento va sempre nella stessa direzione. Unisce ciò che prima era diviso. È sempre un movimento d'amore. Interrompe il ripetersi di ciò che è rimasto irrisolto e apre la strada verso la soluzione al di là della nostra coscienza.

L'aspetto essenziale è che non richiedeva quasi alcun intervento esterno. L'anima cercava e trovava la soluzione autonomamente, spesso in modo del tutto inaspettato, spesso anche al di là dei tradizionali ordini dell'amore. Ciò accadeva solo se si lasciava spazio e tempo all'anima e se il conduttore della rappresentazione era in armonia con questa dimensione dell'anima e si lasciava guidare. Come? Se anch'egli permetteva a ciò che era separato di unirsi dentro di lui con amore, al di là dei limiti della coscienza.

Inizialmente ho definito questo metodo di rappresentare le costellazioni familiari "movimenti dell'anima". Credevo che tali movimenti provenissero dal campo che unisce i destini dei diversi membri della famiglia. Dopo qualche tempo è venuto però alla luce che si trattava di una diversa dimensione spirituale, al di là del campo della coscienza, che dobbiamo distinguere il campo della coscienza dal campo spirituale più ampio.

I movimenti dello spirito

Qual è stata la prospettiva determinante che ha consentito lo sviluppo del metodo delle costellazioni familiari? Il movimento dello spirito è un movimento creatore, che mette e mantiene in movimento tutto ciò che si muove e determina come si muove.

Questo spirito è dietro a ciascun movimento così com'è e lo accetta come tale. Possiamo dunque restare in armonia con questo movimento solo se anche noi siamo aperti a tutto così com'è. Soprattutto se siamo aperti nei confronti di tutti così come sono, anche alla loro famiglia, anche al loro destino, anche alla loro colpa.

Ci rendiamo conto di cosa significa veramente per noi e per le costellazioni familiari se assecondiamo i movimenti dell'anima o, più precisamente, se questi movimenti ci fanno muovere e noi ci muoviamo in armonia con loro.

Possiamo ignorare queste prospettive? Solo a caro prezzo. Quale prezzo? Ritornare a essere in balia della coscienza e intraprendere un movimento che si contrappone all'amore che tutto accoglie.

Io mi sono incamminato lungo questa strada dello spirito. Da alcuni anni sto dimostrando ciò che significa per le costellazioni familiari in numerosi corsi, soprattutto in quelli di formazione. Descrivo questo cammino nei miei libri e lo documento su DVD e CD.

Questa strada conduce verso un altro futuro delle costellazioni familiari, verso le costellazioni spirituali, verso un futuro spirituale.

Indirizzi utili

www.hellinger.com
www.hellinger.it
info@hellingerschule.com

Per informazioni:
Centro Studi Piazza
via Rivo Fontanelle, 125 - int. 10
47892 Gualdicciolo (RSM)
Tel. 0549 911446/7

info@centrostudipiazza.org
www.centrostudipiazza.org

DELLO STESSO AUTORE

Costellazioni familiari
Aneddoti e brevi racconti
Bert Hellinger
144 pag. • Codice 1571-1 • **13,90 €**

Bert Hellingher è noto a livello internazionale per avere approntato il metodo terapeutico delle *Costellazioni Familiari*. Tale metodo prevede la messa in scena di una situazione riprodotta da rappresentanti che ricreano le interdipendenze esistenti tra i componenti di una famiglia o di un gruppo, evidenziando le dinamiche inconsce che causano sofferenza in molti aspetti della nostra vita: nelle relazioni affettive, nelle relazioni in ambito professionale, nel rapporto con il denaro e con la salute. Alcuni dei migliori racconti e aneddoti di Bert Hellinger, ampliati e raccolti, sono qui presentati per la prima volta sotto forma di libro. Sono il frutto di esperienze trentennali a contatto con migliaia di persone appartenenti a popoli e culture fra le più varie e riportano la riflessione sull'ordine naturale che sostiene ogni essere umano indipendentemente dalla sua origine o religione.
Questi racconti si pongono alla fine di un lungo percorso evolutivo e consentono di vedere chiaramente ciò che è essenziale nel pensiero e nell'azione psicoterapeutica dell'autore. Ancor di più sono essenziali a una nuova comprensione e a una nuova via di consapevolezza per chi vuole raggiungere benessere e armonia.

Il lungo cammino
Intervista con il padre delle Costellazioni Familiari
Bert Hellinger, Gabriele ten Hövel
160 pag. • Codice 1918-4 • **14,90 €**

Bert Hellinger ha rivoluzionato il lavoro terapeutico. Nel giro di pochi anni ha messo a punto nuove metodologie nella terapia familiare e sistemica che hanno riscosso vasto consenso presso terapeuti e clienti. Questa intervista di Gabriele ten Hövel rappresenta il libro più personale di Bert Hellinger. Descrive in modo preciso, acuto e controverso le diverse tappe dalla sua vita, dall'infanzia fino ai più recenti sviluppi del metodo sistemico: i movimenti dell'anima. Apre inoltre nuove prospettive per conciliare vittime e carnefici, ricordo e rimozione.
Un libro avvincente e commovente da cui possono trarre vantaggio terapeuti e tutti coloro che sono interessati alla rappresentazione delle costellazioni familiari.
In questo intenso colloquio il lettore impara a conoscere gli ordini dell'amore ed il dare e prendere che ne derivano, al di là della coscienza e della colpa ed al di là della riconciliazione e della felicità.

DELLO STESSO AUTORE

Storie d'amore
Tra uomo e donna, genitori e figli, noi e il mondo
Bert Hellinger
200 pag. • Codice 1919-1 • **15,90 €**

Le storie d'amore contenute in questo libro raccontano come far funzionare l'amore fra uomo e donna. Spesso uno dei partner – e talvolta entrambi – segue un destino, che lo tiene prigioniero e a cui resta fedele, sotto l'influsso di avvenimenti della famiglia d'origine. Bert Hellinger spiega come liberarsi da questi destini attraverso le Costellazioni Familiari, il metodo che colloca l'individuo nel suo
contesto di appartenenza: si acquisisce così un nuovo senso di libertà dal passato incoraggiando l'amore e il rispetto per se stessi e gli altri. Queste storie portano inoltre alla luce il profondo amore nascosto fra genitori e figli e l'amore più "ampio" che coinvolge altre persone,
altre famiglie, il mondo.
I numerosi esempi di rappresentazioni di Costellazioni Familiari riportati nel libro ci mostrano come le prospettive di Bert Hellinger sugli ordini dell'amore ci aiutano a vivere una vita felice.

Gli ordini dell'aiuto
Aiutare gli altri e migliorare se stessi
Bert Hellinger
248 pag. • Codice 1990-0 • **17,90 €**

Questo libro è destinato principalmente a chi aiuta gli altri per mestiere, come medici, psicoterapeuti, operatori nei diversi servizi sociali, insegnanti, sacerdoti, consulenti organizzativi. Aiutare è un sentimento umano diffuso. Il libro può quindi risultare utile anche a molti altri, come ad esempio i genitori.
Sulla base di innumerevoli esempi, Hellinger indica come aiutare solo nella misura in cui l'altro ha realmente bisogno. A tale scopo pone delle domande fondamentali:
È possibile aiutare in questa situazione? È consentito aiutare? Quali passi sono adeguati e necessari? In questo modo il lettore impara ad affinare la propria percezione, a valutare i possibili effetti e a riconoscere rapidamente quali procedure hanno maggiori possibilità di successo. Il metodo di Hellinger descritto nel libro rappresenta un'autentica rivoluzione di pensiero, un atto di profonda, intelligente, anzi geniale umiltà, che permette di mettersi davvero al servizio dell'altro, pronti a ricevere e a dare ciò che possiamo.

DELLA STESSA COLLANA

Guarire le malattie dell'anima
Con il metodo terapeutico delle Costellazioni Familiari
Thomas Schäfer
176 pag. • ISBN 978-88-481-1856-9 • **13,90 €**

Nessun'altro psicoterapeuta ha avuto negli ultimi anni un'eco pari a quella ottenuta da Bert Hellinger. Ciononostante non esisteva finora un'opera che rendesse il suo pensiero accessibile a tutti. Con questo libro il naturopata e psicoterapeuta Thomas Schäfer avvicina le teorie ed i metodi terapeutici di Hellinger ad una cerchia più ampia di lettori. Quali sono le cause familiari di gravi malattie? Perché alcune relazioni fra uomo e donna, fra genitori e figli, si sviluppano in modo armonico mentre altre falliscono? Che ruolo svolge la religione nello sviluppo umano? Come deve essere affrontata la morte? Hellinger considera la famiglia il principale sistema sociale responsabile di tante gioie e tanto dolore. Per questo l'autore si sofferma in particolare sulla tecnica delle "Costellazioni Familiari" sviluppata da Hellinger. Spiega com'è possibile eliminare le dinamiche che fanno ammalare e permettere all'amore originario di continuare a fluire.

Se la Bella Addormentata non si sveglia più
L'interpretazione delle fiabe con il metodo delle Costellazioni Familiari
Thomas Schäfer
176 pagine • Codice 2028-9 • **14,90 €**

Nelle Costellazioni Familiari secondo Bert Hellinger le fiabe rispecchiano copioni familiari e di vita di cui generalmente non siamo consapevoli. In questo libro Thomas Schäfer mostra quali sfondi autobiografici sono legati alle diverse fiabe e sulla base del metodo delle Costellazioni Familiari cerca di fornire soluzioni ai problemi psichici. Le fiabe offrono alla psiche basi ideali per la proiezione. Ed è proprio per questo motivo che è comprensibile perché i bambini si lascino coinvolgere da alcuni racconti e non da altri. Percepiscono che proprio quella fiaba riporta per immagini contenuti autobiografici o legami alla storia della loro famiglia.
Le immagini della fiaba sono come germogli invisibili di un progetto inconsapevole che si concretizza spesso nel corso della vita attraverso eventi problematici. A contatto con le fiabe questi progetti possono mostrarsi ed è possibile trovare soluzioni con l'aiuto del metodo delle Costellazioni Familiari.

DELLA STESSA COLLANA

Alle radici dell'anima
Ritrovare l'armonia con il metodo delle Costellazioni Familiari
di Alberta Mantovani
108 pag. • Codice 1840-8 • **9,90 €**

È importante innamorarsi della realtà, del qui e ora. Quello che c'è è perfetto, ma sembra impossibile La nostra vita è talvolta complicata da rapporti tormentati, in particolare con i membri della propria famiglia attuale o d'origine. Viviamo così situazioni difficili che si trascinano per anni creandoci una profonda sofferenza. La mancanza o assenza del padre o della madre,ad esempio, è spesso la fonte dei nostri problemi più profondi. E accade che non ci sentiamo al nostro posto e non sappiamo perché o ci ritroviamo a ripetere gli stessi errori. Ci dimentichiamo che quasi sempre siamo nati da un atto d'amore e che, in ogni caso, dobbiamo essere grati a chi ci ha dato anche solo la vita. Le Costellazioni Familiari, metodo ideato da Bert Hellinger, (psicoterapeuta tedesco conosciuto a livello internazionale), fanno chiarezza sulle dinamiche inconsce che stanno alla base dei rapporti tra i membri di una famiglia e aiutano a ritrovare l'armonia. L'autrice racconta come si è avvicinata a questo metodo che ha cambiato la sua vita e quella di chi, insieme a lei, ha fatto questa esperienza. Essere in armonia con il mondo significa accogliere consapevolmente ciò che è, essere al centro di se stessi, in equilibrio. La sensazione che ne deriva è di pace, rilassatezza, disponibilità e leggerezza. Ci si sente in sintonia col proprio destino e ci si accorge che è tutto molto semplice.

Il sentire dei bambini
Dall'arte alle Costellazioni Familiari
di Donatella Celli
108 pag. • Codice 1840-8 • **9,90 €**

L'autrice ci conduce in un viaggio stimolante vissuto insieme ai bambini all'interno della struttura scolastica. Un viaggio attraverso i saperi dell'arte, la meditazione, le costellazioni familiari. Durante questo percorso i bambini vengono accompagnati alla scoperta di loro stessi e degli altri e ad apprendere in un clima di fiducia, rispetto e collaborazione.
Ricco di esperienze, racconti, stimoli, il libro dà voce a ciò che i bambini sentono, vedono, pensano, e mette in luce la forza, la meraviglia, la semplicità con cui si avvicinano al mondo e alla vita. Le indicazioni metodologiche e i percorsi tracciati rappresentano inoltre, per insegnanti ed educatori, una valida guida sia per affrontare situazioni e casi difficili sia per rendere più fluido e scorrevole il processo d'apprendimento, favorendo al contempo una creativa collaborazione tra scolari, insegnanti e genitori.

NUOVI EQUILIBRI

Alle radici dell'anima
Ritrovare l'armonia con il metodo delle Costellazioni Familiari
Alberta Mantovani
108 pag. • Codice 1840-8 • **9,90 €**

Autoguarigione tantrica di Lama Gangchen
Marco Columbro
Libro+DVD
96 pag. • Codice 1804-0 • **19,90 €**

Angeli custodi
Irmtraud-Tarr Krüger
160 pag. • Codice 1043-3 • **12,91 €**

Cambiare si può
Un futuro diverso dal passato con il Metodo Hoffman
Tim Laurence
288 pag. • Codice 1838-5 • **22,90 €**

Che stress!
Effetti sulla salute, consigli pratici, terapie
Alberto E. Panerai
208 pag. • Codice 1089-1 • **16,00 €**

Chi siamo veramente?
Conoscere e superare i meccanismi inconsci
Roy Martina
290 pag. • Codice 0853-9 • **15,00 €**

Corpo e cambiamento
Massimo Soldati
256 pag. • Codice 1040-2 • **14,98 €**

Diario di Psicosomatica
Susanna Garavaglia
352 pag. • Codice 2064-7 • **16,90 €**

Digiuno e consapevolezza
Rudiger Dahlke
152 pag. • Codice 0917-8 • **12,39 €**

Effetti delle Emozioni sulla Salute
Robert Jhonson
256 pag. • Codice 1538-4 • **13,90 €**

Elogio della pigrizia
Vivere lentamente per vivere meglio
Peter Axt, Michaela Axt-Gadermann
176 pag. • Codice 1514-8 • **12,90 €**

Equilibrio
Come ottenere il massimo dalla vita
Robert Jhonson
318 pag. • Codice 1284-0 • **15,49 €**

Equilibrio Emozionale
Dal massimo impegno all'annullamento di ogni fatica
Roy Martina
344 pag. • Codice 1003-7 • **20,90 €**

Exotropia
Un nuovo modello della Realtà
Fabio Marchesi
344 pag. • Codice 1989-4 • **15,90 €**

Felici e scontenti
Il Matrimonio Psicosomatico e le patologie dei figli del benessere
Anna Zanardi
168 pag. • Codice 1496-7 • **12,90 €**

Fiabe e Fiori di Bach
Significati e segreti delle fiabe tradizionali per capire noi stessi con l'aiuto della floriterapia
Barbara Gulminelli
280 pag. • Codice 2065-4 • **14,90 €**

Gli ordini dell'aiuto
Aiutare gli altri e migliorare se stessi
Bert Hellinger
248 pag. • Codice 1990-0 • **17,90 €**

Guarire le malattie dell'anima
con il metodo terapeutico delle Costellazioni Familiari
Thomas Schäfer
176 pag. • Codice 1856-9 • **14,90 €**

I Chakra nell'Era dell'Acquario
Il percorso verso la vitalità
Roy Martina
208 pag. • Codice 1421-9 • **15,90 €**

Il linguaggio degli organi
Anna Zanardi
176 pag. • Codice 1207-9 • **14,90 €**

N U O V I   E Q U I L I B R I

Il benessere con la psicologia
Stare meglio con se stessi e con gli altri: la teoria e la tecnica operativa
Luigi Mastronardi
256 pag. • Codice 1548-3 • **14,90 €**

Il lungo cammino
Intervista con il padre delle Costellazioni Familiari
Bert Hellinger, Gabriele ten Hövel
160 pag. • Codice 1918-4 • **14,90 €**

Il respiro che guarisce
Abbandonare le emozioni passate per vivere il presente in modo pieno e armonioso
Gian Marco Carenzi
294 pag. • Codice 0919-2 • **14,97 €**

Io guarirò!
Autoterapie psicologiche
Luigi Mastronardi
141 pag. • Codice 1244-4 • **12,91 €**

Io Scelgo, Io Voglio, Io Sono
Fabio Marchesi
368 pag. • Codice 2204-7 • **16,90 €**

Ipnosi e autoipnosi
Nuove possibilità di affrontare l'ansia, il dolore, lo stress e la depressione
Wolfgang Blohm
200 pag. • Codice 1688-6 • **14,90 €**

L'arte dell'apprendere – II edizione
Anna Molino
296 pag. • Codice 0396-1 • **23,24 €**

L'arte della vitalità
Come essere vitali a ogni livello
Roy Martina
280 pag. • Codice 0885-0 • **18,07 €**

La coppia che funziona
Ama te stesso e non importa chi sposerai
Eva-Maria Zurhorst
pagine 248 • Codice 1917-7 • **17,90 €**

La Dieta per l'Anima – II edizione
Adolfo Panfili, Valeria Mangani
282 pag. • Codice 1606-0 • **14,90 €**

La fisica dell'Anima – II edizione
Fabio Marchesi
416 pag. • Codice 1663-3 • **14,90 €**

La libertà di essere se stessi
Avikal E. Costantino
120 pag. • Codice 1967-2 • **9,90 €**

La psicologia del benessere
Un percorso positivo per la mente
Leonardo Milani
136 pag. • Codice 1647-3 • **12,90 €**

La scrittura dell'anima
Ventotto tappe per ricordarsi di sé
Susanna Garavaglia
272 pag. • Codice 1821-7 • **14,90 €**

La straordinaria forza terapeutica del respiro
Rigenerazione fisica, psichica e spirituale attraverso la facoltà più elementare dell'uomo
Rüdiger Dahlke
240 pag. • Codice 1330-4 • **18,90 €**

La vita che nasce
Una visione olistica della gravidanza e del parto
Rüdiger Dahlke, Margit Dahlke, Volker Zahn
240 pag. • Codice 1467-7 • **17,90 €**

L'autostima
Linda Field
174 pag. • Codice 0338-1 • **17,90 €**

L'uomo contro se stesso
Robert Jhonson
192 pag. • Codice 1999-3 • **12,90 €**

L'espansione della coscienza
Conoscere e gestire le nostre energie
Silvia Calzolari
168 pag. • Codice 0936-9 • **12,91 €**

Liberarsi dall'ansia e dal panico
Bronwyn Fox
120 pag. • Codice 0549-1 • **8,50 €**

Mente, meditazione e benessere
Medicina tibetana e psicologia clinica
Gioacchino Pagliaro
144 pag. • Codice 1713-5 • **12,90 €**

Nati per vivere sani
Ognuno è responsabile della propria salute
Roy Martina
168 pag. • Codice 1687-9 • **14,90 €**

Perché fumi?
Se lo sai, puoi scegliere
Rudiger Dahlke, Margit Dahlke
168 pag. • Codice 1739-5 • **14,90 €**

Perché preoccuparsi?
Sue Breton
144 pag. • Codice 0550-7 • **9,81 €**

Perdonare se stessi
Accettare i propri errori per migliorarsi
Beverly Flanigan
232 pag. • Codice 0500-2 • **14,98 €**

Personalità viziose
Comprendere il processo di dipendenza e riprendere il controllo di sé
Craig Nakken
156 pag. • Codice 0834-8 • **12,40 €**

Problemi di cuore
Interpretazione psicosomatica del disturbo cardiaco
Rudiger Dahlke
320 pag. • Codice 11447 • **24,90 €**

Psicosomatica della pelle
Anna Zanardi
136 pag. • Codice 1744-9 • **10,90 €**

Rallentare
L'uomo è in bilico?
320 pag. • Codice 2037-1 • **16,90 €**

Ridere di cuore
Gianni Ferrario
112 pag. • Codice 1889-7 • **9,90 €**

Sei un campione! I segreti per superare le tue barriere
Roy Martina
182 pag. • Codice 0611-5 • **12,00 €**

Spirito naturale
L'ecologia profonda per la salute del corpo e dell'anima
Stefano Fusi
272 pag. • Codice 2070-8 • **13,90 €**

Storie d'amore
Tra uomo e donna, genitori e figli, noi e il mondo
Bert Hellinger
200 pag. • Codice 1919-1 • **15,90 €**

Stress. Malattia dell'anima
Manuela Pompas
Libro+Cd-Rom
152 pag. • Codice 1685-5 • **13,90 €**

Tantra
Un modo di vivere e di amare
Radha C. Luglio
240 pag. • Codice 1965-8 • **12,90 €**

Tao Te Ching
Il dettato della perenne saggezza
Carlo Moiraghi
312 pag. • Codice 1822-4 • **15,90 €**

Universo uomo
Comprendere il significato della realtà spirituale al di là dell'apparenza materiale
Donatella Tinari, Lothar Güntert
224 pag. • Codice 0892-8 • **12,91 €**

Vivere
Si nasce, si cresce, si lavora, si soffre, si muore
Robert Jhonson
224 pag. • Codice 1431-8 • **15,00 €**

BUONO D'ORDINE

da compilare, ritagliare e spedire in busta chiusa a:
tecniche nuove spa, divisione libri - via Eritrea 21, 20157 Milano

L 08 ISBN: 2063-0

N. COPIE	CODICE	TITOLO	PREZZO

Spedite all'indirizzo sotto indicato, all'attenzione di: ....

Modalità di pagamento

☐ Contrassegno + 6,00 € spese di spedizione ☐ VISA ☐ CartaSI ☐ Master Card

N° ☐☐☐☐☐☐☐☐☐☐☐☐☐☐☐☐ scadenza ☐☐/☐☐

Ragione sociale ....

Indirizzo ....

Cap.............................. Comune..............................Prov..............................

Tel..............................Fax..............................E-mail..............................

Firma.............................. Data ....

per ordini via fax: 0239090373 • per ordini online: www.tecnichenuove.com

tecniche nuove
www.tecnichenuove.com

Via Eritrea 21, 20157 Milano - Tel. 0239090319 - Fax 0239090373
e-mail: vendite-libri@tecnichenuove.com